入門
マクロ経済学

石橋　春男・関谷喜三郎　共著

税務経理協会

はしがき

　経済学が分析の対象とする世界は，私たちが現実に生活する経済社会そのものです。そこには，企業倒産や大量失業に象徴されるように，その時々の状況に応じてさまざまな経済問題が存在し，その解決を必要としています。経済問題の解決のためには，まず現実経済に生起するさまざまな経済現象を分析し，経済活動のメカニズムを解明する必要があります。しかしながら，現実経済そのものはきわめて複雑なために，それを正しく理解することは容易ではありません。

　経済学には，複雑な経済現象を解明するための分析アプローチが2つあります。ミクロ分析とマクロ分析がそれです。このうち，ミクロ経済分析は経済活動を構成する家計や企業といった経済主体が市場においてどのような行動をとり，その結果として，市場経済における需要と供給の調整や資源配分の合理性がどのようにして達成されるかを説明するものです。これに対し，マクロ経済分析は，好況・不況，インフレ・失業，国際収支の均衡，為替レートの変動といった経済全体にかかわる問題を，一国経済全体の総括的な観点から分析するものです。本書では，このうちマクロ経済分析を取り扱います。

　本書は，マクロ経済学の入門書として，国民所得の概念を出発点として，マクロ経済学の基本的な内容をわかりやすく解説しています。とくに，国民所得決定論はもちろんのこと，IS-LM 分析や総需要・総供給分析，さらにはマンデル・フレミングモデルといった現代マクロ経済学の重要な分析用具について，その導出過程から内容までをていねいに解説することによって，予備知識のまったくない人にも十分にわかるように説明されています。さらに，ひとつひとつの章を読み進めていくことによって，それぞれの分析用具の関連性と必要性が明瞭に理解できるように配慮されていることが本書の大きな特徴となって

います。

　本書における各章の説明は，はじめて経済学を学ぶ人たちにとっても，比較的短時間で理解できるように明快になされており，使われている図や式もていねいに展開されていますので，それらを理解するうえで特別な知識は何ら必要ありません。これも本書の特徴といえます。本書をこうした形にまとめることができましたのは，私たちの長年に及ぶ学部での講義や約10年間にわたる各種金融機関・証券会社等での数多くの講義を通じて得た経験が基礎になっています。

　今日，経済学部，経営学部，商学部といった文系の学生のみならず，一般社会人にとってもマクロ経済学を学習する必要性が高まっています。とくに，公務員試験や証券アナリスト，不動産鑑定士，中小企業診断士などの資格試験を目指す人たちにとっては，マクロ経済学は必須です。しかしながら，一般に経済学のテキストは難解なものが多いために，十分に使いこなすことができないという意見が多く聞かれます。本書は，はじめて経済学を学ぶ人にとってもマクロ経済学の基本を体系的にマスターすることができ，また各種の試験勉強にも十分に役立つように書かれています。本書が，読者のマクロ経済学に対する理解を深めるうえで多少なりとも役立つことがあれば，著者の目的は達せられたことになるといえます。

　最後に，このようなマクロ経済学の入門書を執筆する機会を与えてくださった㈱税務経理協会営業部部長の加藤勝彦氏に心からお礼を申し上げます。また，本書の企画から編集まですべての面に関してご尽力いただいた書籍編集部の木内鉄也氏には深く感謝する次第です。

平成12年7月18日

石橋　　春男
関谷　喜三郎

目　　次

はしがき

第 1 部　経済循環と国民所得

1　経済循環と GDP …………………………………………… 3
　経　済　循　環 ……………………………………………… 3
　国内総生産（GDP）………………………………………… 4
　GDP 統計の原則 …………………………………………… 6
　三面等価の原則 …………………………………………… 8
　国内純生産（NDP）………………………………………… 10
　国民総生産（GNP）………………………………………… 10

2　国民所得の分配と処分 …………………………………… 12
　分配面から見た GDP ……………………………………… 12
　国民所得（NI）……………………………………………… 13
　可　処　分　所　得 ………………………………………… 14
　Ｇ Ｄ Ｐ の 処 分 …………………………………………… 15
　貯　　蓄　　率 …………………………………………… 16

3　国内総支出 ………………………………………………… 17
　国　内　総　支　出 ………………………………………… 17
　総需要と国民所得 ………………………………………… 18

寄与度・寄与率 ··· *20*
　　貯蓄・投資バランスと財政収支・経常収支 ················ *22*

4　名目 GDP と実質 GDP ································ *23*
　　名目値と実質値 ··· *23*
　　GDP デフレーター ·· *23*
　　インプリシット・デフレーター ····························· *24*
　　ラスパイレス指数 ·· *25*

5　産業連関表 ·· *27*
　　産業連関表 ·· *27*
　　投 入 係 数 ·· *29*

第 2 部　GDP の決定

6　国民所得の均衡 ··· *33*
　　総需要と総供給 ··· *33*
　　在庫の変動による調整 ·· *34*
　　有効需要の原理 ··· *35*

7　均衡国民所得の決定 ································· *37*
　　消　費　需　要 ··· *37*
　　消費関数と貯蓄関数 ··· *40*
　　所得決定の総需要アプローチ ······························· *40*
　　所得決定の貯蓄・投資アプローチ ························ *42*
　　乗　数　理　論 ··· *44*

8　財政活動と国民所得 ·············· 47
- インフレ・ギャップとデフレ・ギャップ ·············· 47
- 財政活動と均衡所得水準の決定 ·············· 47
- 均衡予算乗数の定理 ·············· 51
- 税率と均衡国民所得 ·············· 52
- ビルトイン・スタビライザー ·············· 53

9　開放体系における国民所得決定 ·············· 55
- 開放体系下の所得決定 ·············· 55
- 輸入誘発効果 ·············· 56
- 輸出と経常収支 ·············· 57
- 政府支出と経常収支 ·············· 58

10　消費関数の理論 ·············· 59
- 所得決定と消費関数 ·············· 59
- 相対所得仮説 ·············· 60
- 恒常所得仮説 ·············· 61
- ライフ・サイクル仮説 ·············· 63

11　投資決定の理論 ·············· 65
- ケインズの投資決定論 ·············· 65
- 加速度原理 ·············· 68
- 資本ストック調整原理 ·············· 69
- トービンのq理論 ·············· 69
- 在庫投資・住宅投資 ·············· 71

第3部　貨幣市場の分析

12　貨幣供給 …… 75
　貨幣の機能 …… 75
　マネー・サプライの範囲 …… 75
　現金通貨の供給と預金通貨の供給 …… 77
　マネー乗数アプローチ …… 79

13　貨幣需要の理論 …… 83
　貨幣数量説 …… 83
　流動性選好理論 …… 84
　利子率決定論 …… 86

第4部　GDPと利子率

14　IS-LM分析 …… 91
　IS曲線 …… 91
　LM曲線 …… 95
　財市場と貨幣市場の同時均衡 …… 98
　均衡に至る調整過程 …… 100
　IS-LM曲線の特殊なケース …… 103

15　財政政策の効果 …… 105
　財政政策の効果 …… 105
　財政政策の有効性 …… 108
　財政赤字の問題点 …… 112

16　金融政策の効果 ………………………………………… 114
金融政策の効果 …………………………………………… 114
金融政策が無効となるケース …………………………… 116
物価の変化と国民所得 …………………………………… 118
安定化政策としての金融政策 …………………………… 119

第5部　物価と雇用

17　総需要関数・総供給関数 …………………………… 125
総 需 要 曲 線 ……………………………………………… 125
総 供 給 曲 線 ……………………………………………… 126
実質GDPと物価水準の同時決定 ……………………… 129
インフレーションの分析 ………………………………… 130
物価下落と実質GDP …………………………………… 131

18　所得・物価・雇用 ……………………………………… 134
フィリップス曲線 ………………………………………… 134
新しい総供給曲線 ………………………………………… 135
財政・金融政策とインフレーション …………………… 139

19　失業とインフレーション …………………………… 142
フィリップス曲線と政策課題 …………………………… 142
インフレ供給曲線 ………………………………………… 145
インフレ需要曲線 ………………………………………… 148
インフレ率の決定 ………………………………………… 150
合理的期待仮説と経済政策 ……………………………… 151

第6部 循環と成長

20 景気循環 ……………………………………… 157
景気循環 ………………………………………………… 157
景気循環理論 …………………………………………… 159
リアル・ビジネス・サイクル理論 …………………… 162
景気動向指数 …………………………………………… 164

21 経済成長 ……………………………………… 168
経済成長の理論 ………………………………………… 168
ドーマーの成長理論 …………………………………… 169
ハロッドの成長論 ……………………………………… 171
新古典派成長理論 ……………………………………… 176
内生的成長理論 ………………………………………… 178

第7部 オープン・マクロエコノミクス

22 オープン・マクロ経済 …………………… 183
内外需要と経常収支 …………………………………… 183
貯蓄・投資バランスと経常収支 ……………………… 184
マンデル＝フレミングモデル ………………………… 186

23 為替レートの決定理論 …………………… 195
国際収支表 ……………………………………………… 195
為替レートと国際収支 ………………………………… 197
為替レート決定の理論 ………………………………… 200

索 引 ……………………………………………………… 209

第1部 経済循環と国民所得

1　経済循環とGDP

経済循環

マクロ経済学は経済活動を国民経済全体として分析しようとするものですが，その出発点として，まず，国民経済を構成する経済主体の分類と各主体の循環的な結び付きについてみていきます。

経済主体　経済社会の構成員，言い換えれば，一国の経済活動の担い手を**経済主体**といいます。経済主体は，大きく分けて，**家計**，**企業**，**政府**からなっています。

　家計は，土地，労働，資本といった生産要素を企業に提供し，その報酬として地代，賃金，利子などの**要素所得**を得ます。そして，その要素所得をもとにして，必要な財やサービスを企業から購入します。

　企業は，家計から生産要素の提供を受け，それに対して要素所得を支払い，生産活動を営みます。同時に企業は，他の企業から原材料や燃料などの中間生産物を購入します。そして企業は，生産物の総売上高の中から中間生産物や生産要素の代金を支払い，その余剰を**企業所得**として受け取ります。

　最後に政府は，家計や企業から租税を徴収し，あるいは公債を発行して活動資金を募り，公共財や各種の政府サービスを提供します。

経済循環　以上のように，各経済主体は，一方で"金"の流れ，また他方で財・サービスといった"モノ"の流れを通じて互いに関連し合って経済活動を営んでいます。これを図で示すと，一国の**経済循環**を簡略的にとらえることができます（図1-1）。

図 1-1　経 済 循 環

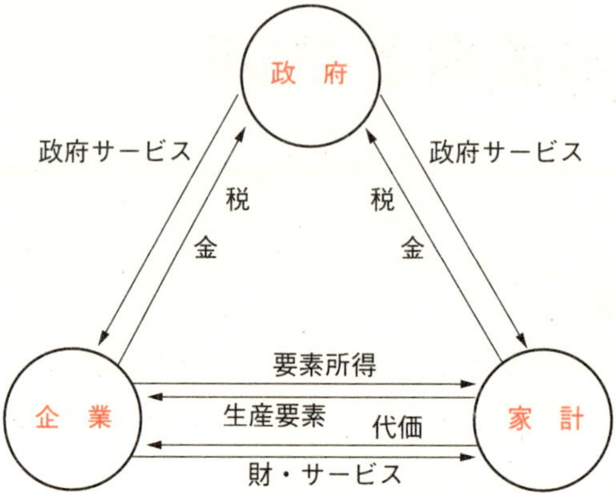

```
                    政　府
           政府サービス ↗ ↖ 政府サービス
              税           税
              金           金
            ↙               ↘
         企業 ←── 要素所得 ──→ 家計
              ←─ 生産要素 ─
              ── 代価 ──→
              ── 財・サービス →
```

国内総生産（GDP）

次に，各経済主体の活動の成果はどのように表すことができるのかということについて，みていくことにしましょう。

国内総生産　　一国経済の活動規模は国民所得の概念を用いて表すことができます。国民経済によって1年間に生み出された財・サービスの合計を，**国内総生産**（**GDP**：Gross Domestic Product）といいます。

　GDPは，あらゆる産業の生産活動の成果を合計したものと考えることができますが，各企業の生産額を単純に合計した総生産額はGDPの意味でのその期間に新たに生み出された正味の生産額ではありません。なぜなら，そこには各企業が他の企業から購入して生産活動に使った中間生産物の値が含まれているからです。そこで，GDPを計算するには総生産額から中間生産物額を差し引く必要があります。すなわち，

　　　国内総生産（GDP）＝総生産額－中間生産物額

となります。

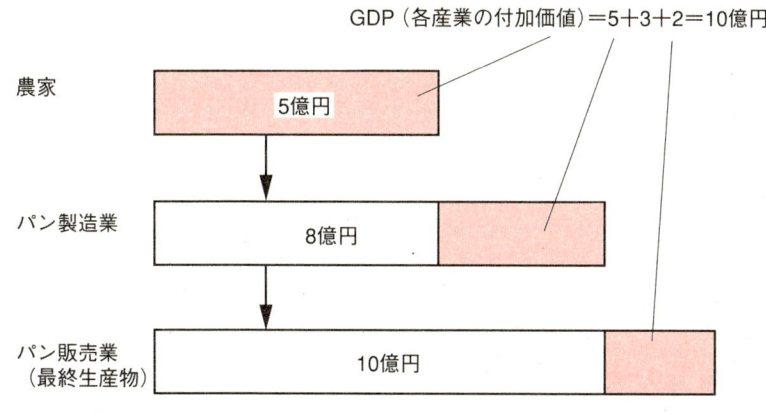

図1-2 国内総生産（GDP）

付加価値　以上のことは，GDPは一定期間に各産業が新たに生み出した生産額，すなわち付加価値の合計であることを意味しています。このことを理解するために，農業，パン製造業，およびパン販売業の3部門からなる国民経済を想定しましょう（図1-2）。

農業部門では，1年間に5億円の小麦を生産し，それをパン製造業に売却するとします。農業部門から5億円の小麦を購入したパン製造業では，1年間に8億円のパンを生産し，それをパン販売業に売却するとします。さらにパン販売業では10億円分のパンを消費者に販売するとしましょう。

以上のことから，この国の総生産額を求めてみると，

　　総生産額＝5＋8＋10＝23億円

となります。ところが，パン製造業の生産額のうち5億円は農業部門での生産額であるのに，そのままパン製造業の生産額として計上することは，いわゆる二重計算になってしまいます。パン販売業に関しても同様です。二重計算を避けて一国の経済が1年間に新たに生み出した価値の総額を求めるには，各産業の生産額から，原材料などの中間生産物の価値額を差し引かなければなりません。このようにして求められた価値を**付加価値**といいます。

それゆえ，GDPは各産業の付加価値の合計と考えることができます。ここでの例では，農業部門の付加価値は5億円，パン製造業では8億円－5億円＝3億円，パン販売業では10億円－8億円＝2億円となります。したがって，この経済のGDPは，

　　　GDP（付加価値の合計）＝5億円＋3億円＋2億円＝10億円

となります。

　これは，各産業が新たに生み出した財・サービスの合計ですから，まさに国内総生産にあたります。

GDP統計の原則

市場で取引された財・サービスのみを計上　　GDPは各産業が1年間に新たに生み出した生産物額の合計として示されます。その場合，国民所得勘定が対象とするものは，原則として市場で取引される財・サービスに限られます。したがって，たとえばお手伝いさんを雇って家事労働をしてもらうと，そこでは家事労働のサービスが生産されたことになり，GDPに加算されますが，主婦の家事労働はGDPの対象とはなりません。それは，主婦の家事労働が市場で取引されないためです。

市場価格表示　　GDPは市場価格表示の国民所得といわれます。市場価格で示された生産物の価格の中には，企業が政府に支払う間接税が入っていますので，GDPの中には間接税が含まれていることになります。

新たに生産された財・サービスのみを計上　　GDPは，市場で取引されたものの合計ですが，市場での取引にはその年に生み出された財・サービスの取引だけでなく，土地や株式，債券，絵画といった資産の売買もあります。住宅についても，中古住宅の取引はここでいう資産の取引に入ります。

　GDPはその年に新たに生み出された財・サービスのみを対象としていますので，土地，株式，中古住宅といった資産の取引が行われても，取引された資

産の価格そのものは計上されません。

　たとえば，1億円の土地が売買され，その取引を仲介した不動産会社に1割の手数料が支払われたとしますと，この取引から生み出されたGDPは，仲介手数料の1,000万円だけであり，売買された土地の価格1億円は計上されません。株式や債券の売買も同様であり，株式が何千億円売買されたとしても，その取引で新たに生み出された生産額は，金融機関や証券会社の金融仲介サービスだけということになります。

付加価値を計上　　生産され，市場で取引されるものがGDPに計上されますが，取引された金額がすべて計上されるわけではありません。生産には原材料が必要であり，それも市場で取引されます。しかし，GDPに計上されるのは，各産業の生産額から原材料などの中間生産物額を差し引いた付加価値だけです。

帰属計算　　GDPは市場価格で表示されるため，原則として市場を経由しない財・サービスの価値はGDPに計上されません。しかし，そこには例外があります。その1つが**帰属計算**といわれるものです。これは，実際には市場で取引されないにもかかわらず，あたかもそれが市場で取引されたかのように想定して，GDPに計上するものです。

　具体的な例としては，第1に，農家の生産物の自家消費分がそれであり，第2に，持家の帰属家賃があります。これは，借家の家賃が住宅サービスの生産としてGDPに計上されるのと同様に，持家についても自分の家を自分に貸しているという擬制を行うことによって，その家賃に相当するものを国民所得勘定に計上しているのです。

政府・対家計民間非営利サービス　　市場で取引されない財・サービスのうちGDPに計上されるものとして，帰属計算以外に政府サービス（この中には，行政機関，国公立学校，医療機関などが入ります）および対家計民間非営利団体（主

に家計にサービスを提供する民間非営利団体であり，宗教団体，政党，労働組合，私立学校などが入ります）の提供するサービスがあります。

　これらは，社会的に広範囲に供給されていますが，市場で取引されないため，その価値は不明です。たとえば，政府サービスはその大半が無償で社会全体に供給されています。そこで，こうしたサービスの価額は人件費などの生産コストに基づいて計算されます。

三面等価の原則

分配国民所得　このように，経済活動の成果を生産面からみますと，これを国内総生産として表すことができます。次に，この生産の成果は所得として人々に分配されますので，これを分配面からみることができます。

　このことは，前述の3部門の例を用いて確認することができます。各産業に分配される所得をみますと，まず農業部門は小麦の売却によって5億円の所得を得ます。次に，パン製造部門は8億円のパンの売上から農業部門に小麦代金を5億円支払い，その差額として3億円の所得を得ます。パン販売業はパンの販売代金10億円とパン購入代金8億円の差として2億円の所得を得ています。10億円のうちの8億円はパン製造部門に支払われます。

　このように，一国経済の活動を分配面からみることができます。これが**分配国民所得**です。この例では，分配面からみた国民所得の大きさは10億円であり，付加価値の合計と等しくなります。

支出国民所得　前述の3部門からなる簡単なモデルにおいて，パン販売業を通じて売られるパンは，**最終財**といわれます。これは，もはや原料として次の生産に用いられることのない財であり，それに対する支出は**最終需要**とよばれます。これに対して，小麦のように次の生産のために原材料として使用される財は**中間生産物**とよばれ，それに対する支出は**中間投入**といわれます。

　そこで，最終需要の大きさによって，経済活動の成果を支出面からみることができます。各部門の最終財への支出をみると，農業部門はパンを5億円購入

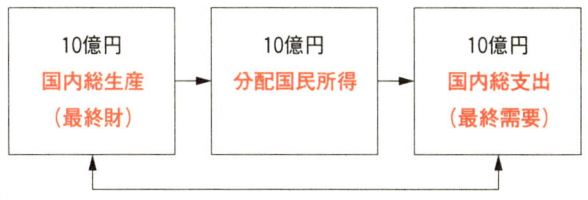

図1-3 三面等価の原則

して消費しており、パン製造業は3億円のパンを、パン販売業は2億円のパンを購入して消費しています。したがって、最終財への支出である最終需要を合計すると10億円になります。これが、支出面からみた国民所得です。この最終需要の合計を**国内総支出**（GDE：Gross Domestic Expenditure）といいます。

三面等価の原則　このように、GDPは生産面、分配面、支出面のいずれからとらえても10億円です。すなわち、各産業の付加価値の合計が国内総生産であり、分配国民所得は、生み出された生産の純成果である付加価値が、その付加価値を生み出した貢献度に応じて分配されたものです。さらに、それは最終財（最終需要）の合計である国内総支出に等しくなります。したがって、この生産・分配・支出の間には、

> 生産国民所得＝分配国民所得＝支出国民所得
> （国内総生産）　　　　　　　（国内総支出）

という関係が成り立ちます。これを**三面等価の原則**といいます。すなわち、国民経済は生産活動によって新たに付加価値が生み出され、それが所得として分配され、さらに国内総支出として処分されるということです。

　もちろん、このモデルは最も単純なものであり、生産されたものがすべて消費されると仮定していますので、最終需要は消費需要のみで、投資需要は含まれていません。貯蓄もゼロです。また、外国貿易や政府の活動も含まれていません。国民経済の活動は、生産・分配・支出の3つの面からとらえることがで

きますが，現実の経済活動を記述する場合には，各々3つの側面とも，より具体的な内容をもつことになります。

国内純生産（NDP）

国内総生産は1年間に新たに生み出された価値の合計ですが，経済活動に伴って，価値の減耗も発生します。たとえば，工場の機械や設備は年々磨耗してしまいます。このような観点に立って，価値の減耗すなわち固定資本減耗を国内総生産から差し引くと，国民経済が生み出した正味の価値の合計である**国内純生産**（**NDP**：Net Domestic Product）を求めることができます。すなわち，

> 国内純生産（NNP）＝国内総生産－固定資本減耗
> 　　　　　　　　　＝付加価値の合計－固定資本減耗

となります。

なお，固定資本減耗を含めた付加価値は**粗付加価値**とよばれ，固定資本減耗を除いた付加価値は，**純付加価値**とよばれます。

国民総生産（GNP）

経済活動の成果を表す指標として，GDPのほかに**国民総生産**（**GNP**：Gross National Product）があります。

GNPとGDPの違いは，GNPが国内，海外を問わず，その国の国民がつくりだした所得の大きさを表すのに対し，GDPはその国の居住者か否かにかかわらず，国内領土で生産活動を行うすべての経済主体が生み出す所得です。それゆえ，両者の関係は次のように示すことができます。

> **GNP＝GDP＋海外からの要素所得－海外への要素所得**

これまで長い間にわたって，国民経済の大きさを表す指標としてはGNPが使われてきました。なぜなら日本の場合，従来はGNPとGDPの差が1％に満たなかったために，両者を区別する実際上の意味があまりなかったからです。

しかし，国際化の進展に伴って，海外からの要素所得が増加したため，GNPとGDPの動きに差が出てきました。それゆえ，短期的な景気指標としてはGNPよりも国内の生産活動水準を示すGDPに注目する必要性が高くなっています。

　こうした状況を反映して，経済企画庁は1991年7～9月期の国民所得統計速報の発表を機に，景気指標としてGNPに代えてGDPを重視する方式に切り換えています。

2　国民所得の分配と処分

分配面から見た GDP

一国の経済活動の成果は各経済主体の間に所得として分配されます。しかし、国内総生産（GDP）のすべてが国民の間に分配されるわけではありません。第1に、固定資本の価値の減耗分にあたる固定資本減耗分は人々の所得にはなりません。また、GDP に含まれる間接税も所得にはなりません。他方、政府からの補助金は人々の所得となりますので、加算されることになります。

そこで、まず経済活動の成果である GDP を分配面からみますと、次のように表すことができます。

> GDP＝雇用者所得＋営業余剰＋固定資本減耗＋間接税－補助金

雇用者所得　これらの項目のうち、雇用者所得とは、労働の提供者に対する分配額です。ここでの雇用者は、政府サービスや対家計民間非営利団体も含めたすべての生産活動に従事する者のうち、個人業主と無給の家族労働者を除いたものです。

営業余剰　これは、労働以外の生産要素の提供に対し分配される部分であり、企業の営業活動の貢献分とみなされるものです。

営業余剰はさらに2つに分けられます。このうち、土地や資本および資金などの生産要素の提供者に分配される要素所得である地代、利子、配当などは、財産所得とよばれます。また、企業が総生産額から中間投入額、雇用者所得を支払って残った分は、企業所得として企業が受け取ります。企業所得は法人貯

蓄や法人税の支払いにあてられます。

固定資本減耗　これは，生産の過程で機械や設備が減耗してしまうために，それを代替するために計上される費用の部分です。企業会計上の減価償却引当金に相当するものです。

間接税・補助金　間接税は，財・サービスの生産・販売に際して生産者に課税されるもので，その分が市場価格に含まれるものです。その負担は，最終財の購入者に転嫁されます。間接税の例としては，消費税，酒税，関税などがあります。補助金は，政府から産業に対して一方的に給付されるものです。補助金によって，その額だけ市場価格が低められるため，負の間接税として控除項目として取り扱われます。

国民所得 (NI)

国民所得 (NI)　生産活動の成果を分配面からみると，上記のような項目に分類されますが，実際にはこれらすべてが国民の間に分配されるわけではありません。

経済活動の成果のうち，国民の間に分配される所得は次のようになります。

> 国民所得 (NI) ＝国内総生産－固定資本減耗－間接税＋補助金
> 　　　　　　　＝雇用者所得＋営業余剰

この国民所得 (NI：National Income) は，狭義の国民所得，あるいは本来の意味の国民所得といわれます。なお，ここでは海外からの純要素所得が省略されています。さらに，国民所得 (NI) のうち，営業余剰は財産所得と企業所得に分けられますので，

> 国民所得 (NI) ＝雇用者所得＋財産所得＋企業所得

という関係が導き出されます。ここから，国民所得 (NI) は，各経済主体がそ

図 2-1 国民所得の概念

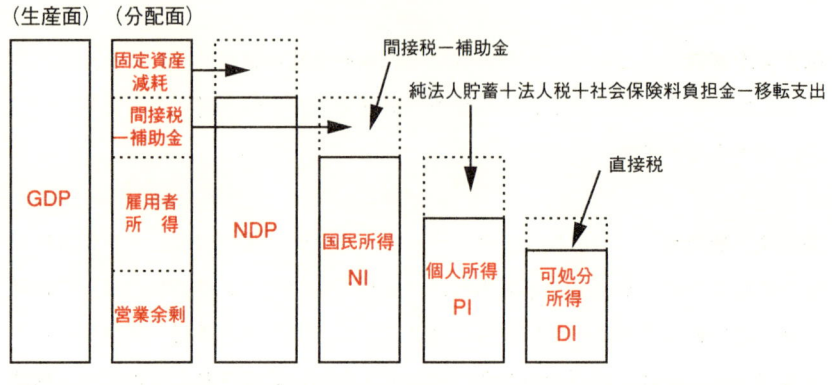

れぞれ提供した生産要素に対して支払われた所得の合計であることがわかります。それゆえ，この所得は**要素費用表示の国民所得**とよばれます。

可処分所得

個人所得　国民所得（NI）は，企業サイドからみた分配分とみることができます。これに対して，家計の面からとらえた国民所得の分配分は，**個人所得**（**PI**：Personal Income）といいます。個人所得とは，国民所得から企業の内部留保（純法人貯蓄）と法人税，社会保険料負担金を控除し，政府からの移転支出を加えたものと等しくなります。すなわち，

> 個人所得（PI）＝国民所得（NI）－純法人貯蓄－法人税
> 　　　　　　　－社会保険料負担金＋移転支出

ということになります。ここで，政府の移転支出とは，対価を伴わない政府の支出であり，年金や恩給，公債などの利払い，生活保護などが含まれます。

可処分所得　個人所得から所得税などの直接税を控除した値は**可処分所得**（**DI**：Disposable Income）とよばれます。すなわち，

可処分所得（DI）＝個人所得－直接税

となります。可処分所得は，家計が実際に消費や貯蓄などに振り向けることができる所得の大きさを表しています。つまり，

　　可処分所得（DI）＝消費＋貯蓄

ということです。

　これまでの説明をまとめますと，図2-1のようになります。

GDPの処分

国民所得の成果を分配面からみますと，最終的には，

　　可処分所得（DI）＝消費＋貯蓄

にまで分類できることがわかりました。ここで，あらためてGDP全体の処分をみてみますと，個人については，

　　個人所得（PI）＝消費＋貯蓄＋直接税

となります。次に，GDPのうち企業部門に残るものは，まず，未配分利潤としての純法人貯蓄と固定資本減耗分に相当する減価償却引当金があります。これらは企業部門に貯蓄として蓄えられ，さまざまな投資活動の資金として使われます。これらに法人税を加えますと，企業部門にあるのは貯蓄＋税金ということになります。最後に政府部門への分配分として間接税－補助金があります。これは純間接税ととらえることができます。そこで，各部門の消費をC，貯蓄をS，税金をTとすれば，処分面からみたGDPは，

　　GDP＝$C+S+T$

と表すことができます。

貯　蓄　率

貯蓄率　可処分所得のうち，貯蓄に割り当てられる割合を**貯蓄率**といいます。すなわち，

$$貯蓄率 = \frac{貯蓄}{可処分所得} \times 100$$

となります。

日本の貯蓄率　日本の貯蓄は，外国に比べて高いといわれています。それは，①所得上昇率が高いこと，②ボーナスなどの臨時収入があること，③社会保障制度が十分に整備されていないこと，④倹約を美徳とする古くからの道徳観が身についていること，などによるものです。

マクロ経済と貯蓄　貯蓄をマクロ経済の観点からみてみますと，次のようなことがいえます。まず，一定の所得の中から貯蓄がなされるということは，その分だけ消費が抑制されることになりますので，財・サービスに対する需要が減少することを意味します。それゆえ，貯蓄率が高いということは，それだけ内需が縮小してしまうことになります。

　一方，貯蓄は投資計画を実現する場合の重要な資金源泉でもあります。たとえば，わが国の貯蓄率は先進国の中でも高い水準にありますが，昭和30年代から40年代にかけての高度経済成長期においては，高い貯蓄率が民間投資の拡大を支え，高成長をもたらす重要な要因になりました。

　しかしながら，民間の投資が貯蓄を十分に吸収できない場合には，内需の縮小分を外需に頼らざるを得なくなります。その場合には，輸出が増大しすぎて，貿易黒字の拡大をもたらすことになります。それゆえ，貯蓄率の高さが貿易摩擦の1つの原因にもなっていると，しばしば批判されることになるのです。

3　国内総支出

国内総支出

国内における1年間の支出の合計を**国内総支出**（GDE：Gross Domestic Expenditure）といいます。これは，GDPを支出面からみたものにほかなりません。国内総支出は，消費支出と投資支出からなっています。国民経済計算体系においては，消費は民間最終消費支出および政府最終消費支出からなっています。また，投資支出は，国内総固定資本形成と在庫品増加からなっています。したがって，

> GDE＝民間最終消費支出＋政府最終消費支出＋国内総固定資本形成
> 　　＋在庫品増加＋経常海外余剰

となります。ここで，経常海外余剰とは，海外への輸出などから，海外からの輸入などを引いた値です。各支出項目の内容をみてみますと，次のようになります。

民間最終消費支出　　これは，家計の消費支出と対家計民間非営利団体の消費支出の合計です。民間の消費支出は，家計の財・サービスの購入のうち，その効用や便益が当該期間中に消費されるものをいいます。したがって，住宅の購入は含まれず，生産活動の成果でない土地の購入も除かれます。ただし，乗用車や電気製品などの耐久消費財の購入は含まれます。

政府最終消費支出　　一般政府の財・サービスに対する経常支出をその産出額とみて，そこから他の部門に販売した額を控除した一般政府の自己消費額です。

国内総固定資本形成　固定資本ストックの増加となる新規耐久財の購入をいいます。これは，民間企業だけでなく，一般政府，公的企業，家計などの支出も含むものです。具体的には，住宅投資，設備投資，公共投資などがその内容となります。

　なお，表3-1に示されるように，国内総固定資本形成は民間部門と公的部門に分けられます。この場合には，民間部門の固定資本形成は，民間住宅＋民間企業設備となり，公的部門のそれは，公的固定資本形成となります。

在庫品増加　企業が所有する製品，仕掛品，原材料などのある一定期間における物量的増減を市場価格で評価したものです。公的企業における原材料，資材などの積増しや，食糧管理特別会計の米なども含まれます。在庫品増加も民間在庫品増加と公的在庫品増加に分けられます。

財・サービスの輸出と輸入　輸出は，一定期間に外国に輸出された財貨と運賃，保険料などのサービスです。この他外国からの旅行者，留学生などの国内での消費も含まれます。輸入については，輸出の逆の内容をもつことになります。

総需要と国民所得

GDPを支出面からみると，上記のような内容となります。そこで，GDPをY，民間最終消費支出をC，民間投資（民間住宅投資＋民間設備投資＋民間在庫増加）をI，政府支出（政府最終消費支出＋公的固定資本形成＋公的在庫品増加）をG，輸出をX，輸入をMとすると，

$$Y=C+I+G+X-M$$

となります。

　上式の右辺は国内総支出の内容を表していますが，そのうち，$C+I+G$は国内の支出の大きさを表しますので，これを**内需**とよびます。他方，$X-M$

表 3-1 国内総支出の推移

(1990年基準，単位億円，四半期の数値は季節調整済みの年率換算（実質），カッコ内は前年比または前期比増減率，▲は減)

		1998年度		1998年			1999年		
		名目	実績	4月-6期	7月-9期	10月-12期	1月-3期	4月-6期	寄与度
国内総支出		494兆5,237	478兆3,647	478兆8,578	477兆4,729	473兆5,152	482兆8,726	483兆9,428	0.2
（国内総生産）		(▲2.1)	(▲1.9)	(▲0.7)	(▲0.3)	(▲0.8)	(2.0)	(0.2)	
年率換算成長率		—	—	(▲2.9)	(▲1.2)	(▲3.3)	(8.1)	(0.9)	
民間最終消費支出		304兆8,005	282兆6,293	282兆2,987	281兆9,080	281兆4,808	284兆9,891	287兆3,694	0.5
		(0.1)	(0.1)	(▲0.1)	(▲0.1)	(▲0.2)	(1.2)	(0.8)	
民間住宅		19兆5,548	18兆1,191	19兆5,918	18兆3,941	17兆1,033	17兆3,084	20兆1,023	0.6
		(▲12.2)	(▲10.7)	(2.1)	(▲6.1)	(▲7.0)	(1.2)	(16.1)	
民間企業設備		68兆4,590	76兆6,601	79兆9,430	77兆8,180	73兆5,739	75兆8,362	72兆8,314	▲0.6
		(▲13.8)	(▲12.3)	(▲4.8)	(▲2.7)	(▲5.5)	(3.1)	(▲4.0)	
民間在庫品増加		1兆2,463	1兆4,627	1兆6,438	1兆2,865	1兆6,933	1兆2,367	1兆7,892	0.1
		(▲39.0)	(▲40.8)	(▲21.9)	(21.7)	(31.6)	(▲27.0)	(44.7)	
政府最終消費支出		50兆0,150	45兆4,379	45兆2,260	45兆5,709	45兆3,164	45兆6,658	45兆4,643	▲0.0
		(0.2)	(0.4)	(0.2)	(0.8)	(▲0.6)	(0.8)	(▲0.4)	
公的固定資本形成		40兆7,495	41兆6,849	37兆1,630	38兆5,338	42兆6,290	47兆0,097	45兆1,306	▲0.4
		(3.6)	(6.1)	(▲3.0)	(3.7)	(10.6)	(10.3)	(▲4.0)	
公的在庫品増加		▲1,238	▲1,067	2,406	▲411	▲5,844	▲480	1,953	0.1
		(▲178.9)	(▲204.7)	(122.8)	(▲117.1)	(—)	(—)	(—)	
財貨・サービスの純輸出		9兆8,224	12兆4,774	12兆7,509	14兆0,027	12兆3,029	10兆8,747	11兆0,603	0.0
		(31.9)	(16.1)	(18.1)	(9.8)	(▲2.1)	(▲11.6)	(1.7)	
財貨・サービスの輸出		53兆7,459	65兆2,281	65兆3,983	66兆5,817	64兆4,726	64兆4,917	65兆0,690	0.1
		(▲5.2)	(▲3.6)	(▲2.0)	(1.8)	(▲3.2)	(0.0)	(0.9)	
財貨・サービスの輸入		43兆9,235	52兆7,507	52兆6,474	52兆5,790	52兆1,697	53兆6,170	54兆0,087	▲0.1
		(▲10.8)	(▲7.3)	(▲5.8)	(▲0.1)	(▲0.8)	(2.8)	(0.7)	
参考 国民総支出		501兆3,300	484兆9,571	484兆5,181	486兆0,291	480兆7,800	487兆8,831	489兆3,985	—
		(▲2.0)	(▲1.9)	(▲0.9)	(0.3)	(▲1.1)	(1.5)	(0.3)	
年率換算成長率		—	—	(▲3.4)	(1.3)	(▲4.3)	(6.0)	(1.2)	

(出所) 日本経済新聞 平成11年 (1999年) 9月9日夕刊

は純輸出の大きさですが，これは海外からの需要の大きさを表しているので，**外需**とよばれます。この内需と外需の合計が国内における総需要にあたります。

国民所得決定論のところで詳しく述べることになりますが，国民所得 Y の水準は総需要の大きさによって決まりますので，一国の国民所得の水準は，国内総支出（GDE）の大きさに依存することになります。

国内総支出の実際の統計数値は，表3-1に示されています。

3 国内総支出

寄与度・寄与率

GDP の成長は，国内総支出（GDE）を構成する需要項目に依存しますが，各項目ともその時の経済状況によって好調なものと不調なものとがあります。それゆえ，各需要の伸びが経済成長に寄与する度合は状況に応じて異なっています。この度合を示す指標には2つのものがあります。

1つは，各需要項目が GDP の増加率（成長率）を何ポイント押し上げたかを示す**寄与度**です。各項目の寄与度を合計すれば経済成長率に一致します。

もう1つは，GDP の増加額のうち，各需要項目がどれだけ占めているかをパーセントで示したものであり，**寄与率**といいます。各項目の寄与率を合計すると100％になります。

この寄与度・寄与率は需要面から経済成長の要因を分析するうえできわめて重要なものです。とくに，GDP の動きは多くの場合，成長率で議論されますので，その内容を考察する場合には寄与度・寄与率に注目する必要があります。ここであらためて，これらの基本的な計算方式とその経済的意味について触れておきたいと思います。

寄与度・寄与率 寄与度はある構成要素（たとえば，消費支出）が統計数値全体（国内総生産）の伸び率を何％押し上げ（押し下げ）たかを示すものであり，寄与率は統計数値全体としての増減を100として，各構成要素の増減を百分率で表現したものです。そこで，それぞれの数値は次のような計算式で示すことができます。

$$寄与度 = \frac{ある構成要素の増減}{前期（前年）の統計数値全体} \times 100$$

$$寄与率 = \frac{ある構成要素の増減}{統計数値全体の増減} \times 100$$

たとえば，いま次のようなデータが与えられたとしますと，今期の国内総生産の成長率に対する消費と投資の寄与度と寄与率は，次のように計算することができます。

〈成長率〉

$$成長率 = \frac{1,200 - 1,000}{1,000} \times 100 = 20\%$$

データ	前期	今期
消費	800	950
投資	200	250
国内総生産	1,000	1,200

〈寄与度〉

$$消費の寄与度 = \frac{950 - 800}{1,000} \times 100 = 15\%$$

$$投資の寄与度 = \frac{250 - 200}{1,000} \times 100 = 5\%$$

〈寄与率〉

$$消費の寄与率 = \frac{950 - 800}{1,200 - 1,000} \times 100 = 75\%$$

$$投資の寄与率 = \frac{250 - 200}{1,200 - 1,000} \times 100 = 25\%$$

　この例でわかりますように，消費と投資の寄与度を合計しますと，この経済の今期の成長率20％に等しくなります。また，両者の寄与率を合計しますと100％になります。

　なお，表3-1に対応させて，そこに示されている実際の寄与度の大きさを確認してみますと，次のようになります。ここでは，表に沿って1999年4～6月期の寄与度の計算を示しておきます。

$$民間最終消費支出の寄与度 = \frac{2,873,694 - 2,849,891}{4,828,726} \times 100 = 0.5\%$$

$$民間企業設備の寄与度 = \frac{728,314 - 758,362}{4,828,726} \times 100 = -0.6\%$$

　この4～6月期の成長率が0.2％ですから，民間消費支出は0.5％と成長に大きく寄与しましたが，民間企業設備の寄与度は－0.6％と成長の足を引張ったことがわかります。また，表3-1にありますように，純輸出も寄与度0.0％と成長に寄与していないことがわかります。

貯蓄・投資バランスと財政収支・経常収支

これまで国民所得の大きさを生産・分配・支出の3つの面からみてきましたが、これら3つの関係を記号を使って表現すると、GDPを Y とすれば、三面等価の原則より、

$$Y \underset{\text{(生産面)}}{} = \underset{\text{(分配面)}}{C+S+T} = \underset{\text{(支出面)}}{C+I+G+X-M} \quad \cdots\cdots①$$

となります。

こうして得られたマクロ経済のバランス式をもとにして、国内の貯蓄・投資バランスと財政収支および経常収支を関係づける次の式を導くことができます。

$$S-I=(G-T)+(X-M) \quad \cdots\cdots②$$

①式自体は三面等価の原則に基づく国民所得の恒等関係を表すものにすぎませんが、それにもかかわらず、②式のように変形することによって、民間部門の貯蓄・投資バランス ($S-I$) が政府部門の財政収支 ($G-T$) と海外部門の経常収支 ($X-M$) と密接な関係をもつことを示してくれることになります。

たとえば、わが国では、しばしば民間部門で貯蓄が投資を上回る貯蓄超過が発生しますが、同時に財政赤字と経常収支黒字が発生しています。こうした各部門のインバランスの関係も②式をベースにして解釈することができます。

4　名目GDPと実質GDP

名目値と実質値

名目 GDP　　国内総生産は，その年に生産された財・サービスの数量を市場価格で表示しており，これを**名目国内総生産**（名目 GDP）とよびます。

つまり，名目 GDP は，その年の市場価格を用いて表した国内総生産の大きさということです。

実質 GDP　　ところで，名目 GDP は価格と数量からなっていますので，たとえ生産量に変化がなくても価格が上昇すると名目 GDP の値が増加することになります。そこで，GDP の実質的な動き，すなわち生産量の変化に基づく生産額の変化をみるために，物価変動による GDP の変化分を取り除いた形で GDP を表示する必要があります。それが**実質国内総生産**（実質 GDP）といわれるものであり，名目 GDP を物価指数で割ることによって求められます。

なお，名目 GDP は，測定時点の市場価格で表示されますので，**当年価格表示の GDP** といわれます。実質 GDP はある特定時点の価格で評価されますので，**不変価格表示の GDP** といわれます。

GDP デフレーター

実質 GDP は，名目 GDP の値を適当な**物価指数**で割ることによって求められます。この手続きを**物価指数でデフレートする**といいます。そして，そのときに用いられる物価指数を **GDP デフレーター**といいます。

パーシェ指数　　この場合，GDP デフレーターには**パーシェ指数**とよばれる

物価指数が使われます。このパーシェ指数とは，ある年を基準として今年購入している財・サービスをそっくりそのまま基準年次に買ったとしたら，それと比べて今年の時点でどれだけ余計に支払わなければならないかを示す指標です。この指数は次のように表すことができます。

$$\frac{\sum p_i^t q_i^t}{\sum p_i^0 q_i^t} \times 100$$

GDPデフレーター　ここで，分子の $\sum p_i^t q_i^t$ は，今年 t 年の名目GDPを表しており，今年の各財・サービスの価格 p_i^t にそれぞれの数量 q_i^t を掛けたものです。分母は今年の実質GDPを表しています。これは，基準年を0年として，その年の価格 p_i^0 に今年 t 年の数量 q_i^t を掛けたものです。この式により，基準年と今年を比較して，物価水準がどれだけ上昇したかを示すことができます。たとえば，このパーシェ指数が130であったとすれば，基準年と今年の間で物価水準は30％上昇したと考えることができます。

これがGDPデフレーターであり，国内総生産を形成する財・サービスに関する一種の総合物価指数と考えることができます。そこで，このGDPデフレーターであるパーシェ指数で今年の名目GDP（$\sum p_i^t q_i^t$）を割れば，実質GDPが得られることになります。

$$\frac{\sum p_i^t q_i^t}{\frac{\sum p_i^t q_i^t}{\sum p_i^0 q_i^t}} = \sum p_i^t q_i^t \cdot \frac{\sum p_i^0 q_i^t}{\sum p_i^t q_i^t} = \sum p_i^0 q_i^t$$

この式の右辺は，今年 t 年の数量を基準年（0年）の価格で評価して合計したものですから，不変価格表示のGDP，すなわち今年の実質GDPを意味することになります。

インプリシット・デフレーター

以上のように，名目GDPをパーシェ指数でデフレートすることによって実質GDPを求めることができますが，実際にはGDPデフレーターが先に計算され

て，実質GDPの算定に明示的に使用されるわけではなく，デフレーター自体が実質GDPの定義の中に暗黙のうちに含まれています。それゆえ，**インプリシット・デフレーター**とよばれています。具体的には，次のようにしてGDPデフレーターを求めることができます。

まず，国内総支出を構成する消費C，投資I，政府支出G，輸出X，輸入Mを合計して当年価格表示の国内総生産を求めます。

$$名目 GDP = C + I + G + X - M$$

次に，各項目のパーシェ指数P_C, P_I, P_G, P_X, P_Mを求め，この指数で各項目をデフレートして実質化し，それを合計することによって不変価格表示の国内総生産（実質GDP）を求めます。

$$実質 GDP = \frac{C}{P_C} + \frac{I}{P_I} + \frac{G}{P_G} + \frac{X}{P_X} - \frac{M}{P_M}$$

こうして得られた実質GDPは，名目GDPをパーシェ指数でデフレートした値に等しくなりますので，逆に上で求めた実質GDPで名目GDPを割れば，国内総生産についてのパーシェ型総合物価指数を求めることができます。これが**GDPデフレーター**であり，次のように表すことができます。

$$GDP デフレーター = \frac{名目 GDP}{実質 GDP}$$

このように，各支出項目をそれぞれの物価指数で割って実質化し，それを集計すると，それが結果的に国内総生産全体をパーシェ指数でデフレートした形になっています。このように，GDPデフレーターは結果として間接的に導出されるので，インプリシット・デフレーターとよばれています。

ラスパイレス指数

物価指数には，パーシェ指数のほかに代表的なものとして**ラスパイレス指数**があります。これはパーシェ指数とは逆に，基準年次に買った財・サービスの数量をそっくりそのまま今年買うとしたら，どれだけ余計に支払わなければなら

ないかを示すものです。これは，次のような形で示すことができます。

$$\frac{\Sigma p_i{}^t q_i{}^o}{\Sigma p_i{}^o q_i{}^o} \times 100$$

　この式で，分子は今年の価格 $p_i{}^t$ に基準時の数量 $q_i{}^o$ を掛けたものであり，分母は基準時の価格 $p_i{}^o$ に基準時の数量 $q_i{}^o$ を掛けたものです。

　このラスパイレス指数は，パーシェ指数と異なり各時点のウェートが基準時のウェートで固定されているため，算出が容易であるということから，各種の指数作成にあたり一般的に用いられています。たとえば，「消費者物価指数」，「卸売物価指数」，「輸出入物価指数」などは，いずれもラスパイレス指数を用いて算出されています。

5　産業連関表

産業連関表

産業連関表　これまで，一国経済の活動成果を国民所得の概念を用いて説明してきましたが，そこでは最終生産物の価値（GDP）だけが問題とされ，中間生産物の取引は出てきませんでした。しかし，現実の経済活動では各産業間でいろいろな原材料（中間生産物）が取引されて生産が行われています。

したがって，経済活動の中身を知るためには，それぞれの産業が生産物をつくるためにどのような原材料をどれだけ買い，また生産したものをどのような産業にどれだけ販売したかをみる必要があります。この中間生産物を含めて経済活動における取引の動きをみようというのが**産業連関表**です。

産業連関表の読み方　産業連関表は，表5-1に示されるように，行と列からできており，これによって産業間における中間生産物の取引を含めた経済活動の動向を理解することができます。

行と列の見方は次のようなものです。

行（横）……各産業が生産したものをどの部門にどれだけ販売したかを示します。

列（縦）……各産業が生産物をつくるために原料をどの部門からどれだけ購入し，それをもとにしてどれだけの生産物を生み出したかを示します。

これらの関係は，国民経済が農業，パン製造業，パン販売業の3部門からなる第1章で用いた例を使って説明することができます。これらの産業間の取引ならびに活動の成果は表5-1に示されています。

表 5-1　産業連関表（Ｉ）

投入＼産出		中間需要				最終需要	産出計
		農業	パン製造業	パン販売業	中間需要計	消　費	
中間投入	農　業		5		5		5
	パン製造業			8	8		8
	パン販売業					10	10
	中間投入計		5	8	13		
付　加　価　値		5	3	2			
投　入　計		5	8	10			23

(1)　農業……どこからも原料を仕入れずに5億円の小麦を生産し（農業部門の付加価値5），それをパン製造業に販売しました（パン製造業の中間需要5）。

(2)　パン製造業……農家から5億円の小麦を仕入れ，新たに3億円の価値を加え（パン製造業の付加価値3），8億円のパンを生産してパン販売業に売りました。

(3)　パン販売業……パン製造業から8億円のパンを仕入れ，新たに2億円の価値を加え（パン販売業の付加価値2），10億円のパンを販売しました。

ここでの各産業間での仕入と販売の関係が産業連関表の列と行に対応するものです。ここでは，総生産額は23億円であり，中間生産物の額は13億円となります。ゆえに，GDPは10億円となります。

産業連関表からGDPを求める場合には，三面等価の原則に基づいて3つの面から計算できます。すなわち，①総生産額－中間生産物額（23－13），②付加価値の合計（5＋3＋2），③最終需要の大きさ（10）の3つです。ここでの例は，いずれも10億円になることがわかります。

表5-2 産業連関表（Ⅱ）

投入＼産出	産業1	産業2	最終需要	産出計
産業1	10	20	70	100
産業2	40	100	60	200
付加価値	50	80	130	
投入計	100	200		300

表5-3 投入係数

	産業1	産業2
産業1	0.1	0.1
産業2	0.4	0.5

投入係数

産業連関表から，各産業が生産物をつくるのにどれくらいの原料の投入を必要としているかをみることができます。具体的には，ある産業で生産物1単位を生産するのに必要な原料の投入がどれだけかということです。その大きさを**投入係数**といいます。

投入係数の計算は，各産業の列の原材料投入額をその産業の総生産額で割って求めることができます。このことを表5-2に示される簡単な産業連関表（Ⅱ）をもとにして確認しておきましょう。この表で，たとえば産業1が生産物を1単位つくるのに，産業2からどれだけの原料の投入を必要としたかを計算してみますと，

$$\frac{40}{100}=0.4$$

となります。つまり，産業1の産業2に対する投入係数は0.4ということになります。同様にして，各産業間の投入係数を表にすると表5-3のようになります。

なお，表5-2に基づいて，三面等価によるGDPの計算を確認すると，

① GDP＝総生産額－中間生産物額＝300－170＝130

② GDP＝付加価値の合計＝50＋80＝130
③ GDP＝最終需要＝70＋60＝130

となります。

第2部　GDPの決定

6　国民所得の均衡

総需要と総供給

国民経済計算に基づいて，国内総生産と国内総支出は等しくなりますので，国内総生産（GDP）を Y，民間消費を C，民間投資を I，政府支出を G，輸出を X，輸入を M としますと，

$$Y = C + I + G + X - M \qquad \cdots\cdots ①$$

が成り立ちます。次に，右辺の輸入 M を左辺に移行しますと，

$$Y + M = C + I + G + X \qquad \cdots\cdots ②$$

となります。この式で，左辺は，輸入された分も含めてその経済に供給される生産物全体を表しており，**総供給**とよぶことができます。また右辺は，輸出（外国からの需要）も含めた経済全体の需要を表すものであり，**総需要**とよばれます。こうして，一国経済の生産活動の成果を総生産＝総支出，あるいは総供給＝総需要という形で示すことができます。

　ところで，これらの式からは，一見したところ生産物の総供給と総需要は一致しており，超過供給や超過需要がないかのようにみえます。しかし，そうではありません。これはあくまで生産活動の事後的結果の記録であって，計画された総需要と総供給が一致して国民所得が均衡しているわけではありません。

　このことを理解するために，先の総供給と総需要のバランス式を単純化して考えてみましょう。いま，政府が存在せず，海外取引も含まない単純な封鎖経済を想定しますと，政府支出 G，輸出 X，輸入 M はすべてゼロになりますので，②式は次のようになります。

33

$$Y = C + I \quad \cdots\cdots ③$$

　この式は，経済が家計と民間企業という私的部門のみから成り立っていることを示しています。また，この式は国民所得勘定における総供給 Y と総需要 $C+I$ の恒等関係を表すものです。したがって，実現された所得水準 Y がどのようなものであっても成立しますが，これはあくまでも経済活動の事後的な結果の記録であり，事前に計画された総供給と総需要が一致しているという意味ではありません。

在庫の変動による調整

　総需要と総供給の事前における不一致と事後的な一致との間の関係は，在庫の変動を通して説明することができます。

　いま，総供給が事前に計画された総需要より大きかった場合を考えてみますと，このときの需給関係は，

$$Y > C + I$$

となります。この場合には Y と $C+I$ の差だけ生産物が売れ残ってしまうことになります。その結果，意図せざる在庫品増加（在庫投資）が生じます。逆に総需要が計画した生産量以上に大きかった場合には，

$$Y < C + I$$

となり，生産した以上に売れることになるので，企業は在庫を取り崩して需要に対応することになります。この場合には，意図せざる在庫の減少が生じます。

　ここからわかることは，実際の経済活動においては，総供給 Y と総需要 $C+I$ が一致する保証はなく，両者が不一致の場合にはその差額だけ在庫の増減が生じるということです。そこで，たとえば Y が $C+I$ を上回り，意図せざる在庫投資が生じた場合，国民所得勘定では在庫品の増加が投資の増加として

記録されるので，事後的に Y と $C+I$ は一致します。逆の場合も同様であり，総需要 $C+I$ が総供給 Y を上回り，意図しない在庫の減少が生じるときは，それだけ在庫投資が減少したものとして記録されますので，結局 Y と $C+I$ は等しくなります。

有効需要の原理

有効需要の原理　　総供給と総需要のバランスは，あくまでも経済活動の事後的な結果です。現実の経済活動において，常に総供給と総需要が一致しているわけではありません。

　もし総供給に対して総需要が少なければ，企業は売上不振となり生産を減少せざるを得ないので，国民所得は減少します。また反対に，総需要が総供給を上回れば，生産活動は拡大し，国民所得も増大します。

　ここからわかることは，総需要が少ないと所得水準は低下することになり，総需要が大きいと，それに応じて所得水準も上昇するということです。これを**有効需要の原理**といいます。

　次章では，この有効需要の原理に基づいて，国民所得水準決定の問題をみていきます。なお，総需要と総供給が不一致の場合，実際には生産量だけでなく物価も変化すると考えられます。しかし，ここでは需給の不一致はすべて生産量の変化によって調整されると想定されていますので，物価は変化しないと仮定されています。したがって，名目値と実質値の区別は行われません。物価水準の変化の問題は，インフレーションの分析のところで議論されることになります。

有効需要と貯蓄　　有効需要の原理に基づく国民所得決定論においては，消費需要と投資需要からなる総需要の大きさが，所得水準を決定する要因となります。

　この場合，貯蓄は所得から消費を除いた残差と考えられており，経済活動に対して重要な役割を果たすとはみられていません。それどころか，貯蓄の増加

は消費需要を減少させ，結果として所得水準を引き下げるマイナス要因として位置づけられています。

　しかし，こうした見方は短期における所得決定に限られるのであり，長期的には，貯蓄は経済活動に大きな影響力をもっています。とくに，人々の節倹によって形成される貯蓄は，金融市場を通じて投資資金となります。豊富な投資資金は民間企業の投資を容易にし，経済成長をもたらす重要な要因となります。

　短期における国民所得水準の決定というマクロ経済の基本的な分析においては，貯蓄自体は大きな役割を果たしませんが，貯蓄の評価は単に所得と消費の残差というものだけではないということに注意する必要があります。

7 均衡国民所得の決定

消費需要

政府と海外取引を含まない単純化された封鎖経済においては、国民所得の均衡は、

$$Y = C + I \qquad \cdots\cdots ①$$

で表すことができます。そこで、消費と投資の動きがわかれば、所得水準を決定することができます。

消費関数　まず、消費需要についてみていきます。個々の家計の消費の大きさは、所得や負債の大きさ、消費財の価格や消費習慣、資産価値の変化、税制の変化など、さまざまな要因に依存します。つまり、消費はこれらの要因の関数です。しかし、一国全体の消費の動きを考える場合、それらの要因のうちで最も重要なものは年々の所得ですから、第1次近似としては消費 C は国民所得 Y の関数であるということができます。これは、

$$C = C(Y) \qquad \cdots\cdots ②$$

と表せます。これを**消費関数**といいます。その関係を図に表すと、図7-1のようになります。

すなわち、国民所得 Y が増大しますと消費支出 C も増大しますので、消費関数は右上がりの線として表されます。

この消費関数の基礎にある考え方は、通常、人々は所得が増加すると消費を増加させますが、所得の増加分の一部は貯蓄に振り向けるので、消費の増加は

図7-1 消費関数

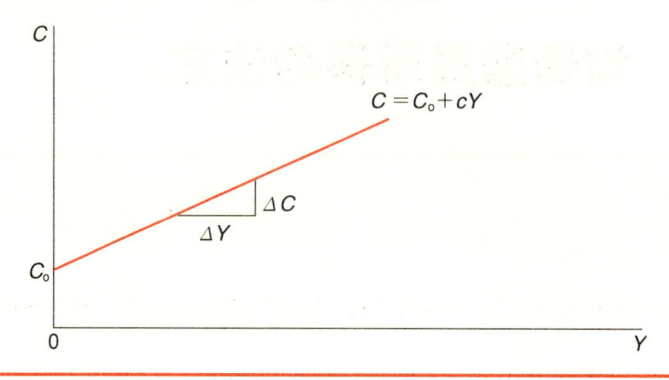

所得の増加に及ばないということです。したがって，所得の増加分と消費支出の増加分の比である**限界消費性向** $\frac{\Delta C}{\Delta Y}$ は，プラスではあるけれども1より小さいという性質をもつことになります。

$$0 < \frac{\Delta C}{\Delta Y} < 1 \quad \cdots\cdots ③$$

また，図7-1からもわかりますように，この消費関数はプラスの切片をもっています。これは，国民所得がゼロであっても人々が生活しているかぎり消費はゼロにならないということです。この場合の消費を**基礎消費**といいます。そこで，この基礎消費を C_0，限界消費性向 $\frac{\Delta C}{\Delta Y}$ を c としますと，消費関数は，

$$C = C_0 + cY \quad \cdots\cdots ④$$

と表されます。

平均消費性向・平均貯蓄性向　　この型の消費関数は，消費が所得の絶対水準に依存して決定されると想定するところから，ケインズ型消費関数，あるいは消費関数の**絶対所得仮説**とよばれます。この消費関数のもとでは，所得が増大するにつれて，所得に占める消費の割合，すなわち**平均消費性向** $\frac{C}{Y}$ はしだい

図7-2 平均消費性向

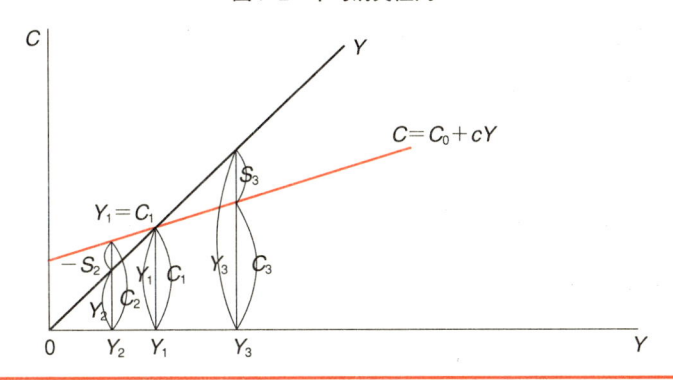

に低下することになります。図7-2をみますと，消費関数線は，国民所得水準を示す45°線より緩やかな線として描かれています。それゆえ，Y の増加に伴って，$\frac{C}{Y}$ は低下していくのがわかります。所得水準 Y_1 では $Y=C$ となりますが，Y_1 より左側では消費が所得を上回っています。そこでは，貯蓄がマイナス（$-S_2$）になっています。これは，低所得水準では借金ないし資産の食いつぶしなどによって生活を支えていることを意味します。Y_1 より右側では消費が所得を下回っているので，その分だけ家計は貯蓄をしていることになります。

しかも，所得が増大するに従って Y と C との差は拡大していきます。その結果，$\frac{C}{Y}$ は Y の増加に伴って低下していくことになります。言い換えれば，所得の上昇とともに所得のうち貯蓄される割合 $\frac{S}{Y}$ が大きくなるということです。この $\frac{S}{Y}$ は，**平均貯蓄性向**とよばれます。

貯蓄と投資　平均消費性向が所得の増大につれて低下するということは，所得が増加するにつれて貯蓄の分だけ財に対する有効需要が削減され，その割合が所得の増大につれて低下することを意味します。そこで，増大する生産水準を維持するためには，この貯蓄の増大を相殺するだけの投資需要が必要となります。しかし，貯蓄を行う経済主体と投資を行う経済主体は別のものであり，貯蓄の動機と投資の動機も別です。したがって，貯蓄の増加を吸収するだけの

投資が行われ，完全雇用を実現する高い水準に所得を維持できる保証はありません。貯蓄と投資が完全雇用の水準で等しくなる保証がないということが，マクロ経済の基本的な問題なのです。

消費関数と貯蓄関数

所得のうち消費されない分は貯蓄となります。すなわち，

$$S = Y - C \quad \cdots\cdots ⑤$$

となります。したがって，C とともに貯蓄 S も Y の関数と考えることができます。そこで，④式を⑤式に代入することによって**貯蓄関数**を得ることができます。

$$\begin{aligned} S &= Y - (C_0 + cY) \\ &= -C_0 + (1-c)Y \end{aligned} \quad \cdots\cdots ⑥$$

ここで，$(1-c)$ は**限界貯蓄性向** $\dfrac{\Delta S}{\Delta Y}$ です。限界貯蓄性向は s で表すことにします。さらに，$\Delta Y = \Delta C + \Delta S$ より，この両辺を ΔY で割ると，

$$\frac{\Delta Y}{\Delta Y} = \frac{\Delta C}{\Delta Y} + \frac{\Delta S}{\Delta Y} \quad \cdots\cdots ⑦$$

となりますので，$\dfrac{\Delta Y}{\Delta Y} = 1$ から，$1 - c = s$ となることがわかります。消費関数と貯蓄関数の関係は図7-3によってもみることができます。そこに示される貯蓄関数は，所得 Y と消費 C の垂直差をプロットすることによって導出したものであり，切片が $-C_0$ であり，$s = (1-c)$ の傾きをもつ右上がりの線として描かれています。

所得決定の総需要アプローチ

均衡国民所得の決定　これまで，消費需要についてみてきましたが，総需要のもう1つの構成要素である投資 I については，当面所得水準に関係なく企業家によって一定に与えられるものと仮定しておきます。そこで $I = \bar{I}$ と定式化

図 7-3 消費関数と貯蓄関数

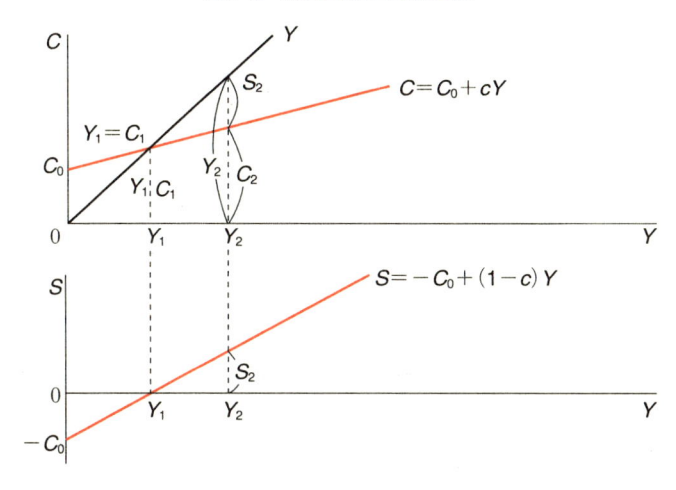

することができます。これをもとにして，**均衡国民所得**がどのように決定されるかを明らかにすることができます。すでに述べましたように，総需要と総供給が等しくなるところで国民所得は均衡します。政府と海外取引を捨象すれば，総需要は消費 C と投資 I から構成されますので，国民所得の均衡は，

$$Y = C + I \qquad \cdots\cdots ⑧$$

で示すことができます。ここで，総需要はそれぞれ，

$$C = C_0 + cY \qquad \cdots\cdots ⑨$$

$$I = \bar{I} \qquad \cdots\cdots ⑩$$

と定式化できるので，⑧式に⑨式・⑩式を代入すれば，

$$Y = C_0 + cY + \bar{I} \qquad \cdots\cdots ⑪$$

を得ます。さらに，これを Y について整理しますと，

図7-4 均衡国民所得の決定

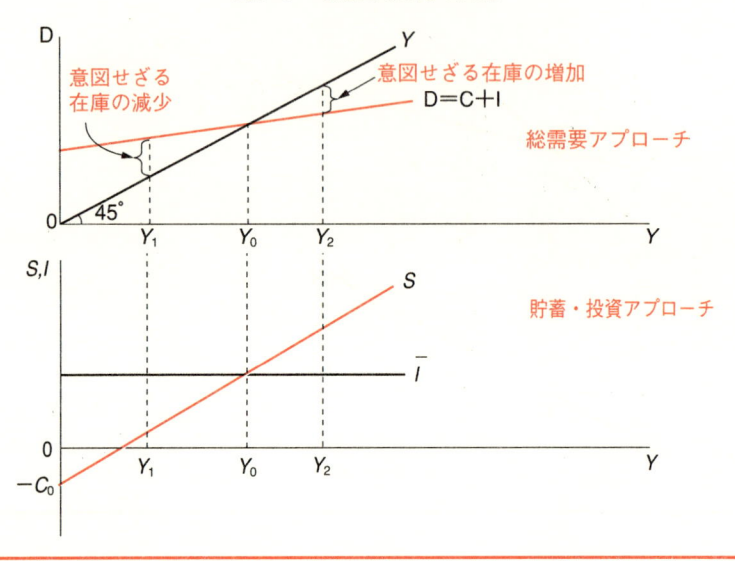

$$Y = \frac{1}{(1-c)}(C_0 + \bar{I}) \quad \cdots\cdots ⑫$$

となります。これが，均衡国民所得を決定する式です。

　このことを図に表すと，図7-4になります。45°線は国民所得を表します。$D=C+I$ は総需要線であり，右上がりの消費関数線 $C=C_0+cY$ に一定の独立投資 $\bar{I}$ を加えたものです。

　図において，均衡国民所得は総需要と総供給が一致する Y_0 の水準に決まります。Y_1 では，総需要が総供給を上回るため意図せざる在庫の減少が生じ，所得は拡大していきます。Y_2 では，総供給が総需要を上回るため意図せざる在庫の増加が生じ，生産が減少するため所得水準は低下することになります。

所得決定の貯蓄・投資アプローチ

貯蓄・投資所得決定論　　均衡所得の決定は，貯蓄と投資の関係からも説明できます。所得 Y は消費と貯蓄からなりますので，

$$Y = C + S$$

であり，総需要は，

$$D = C + I$$

ですから，$Y = C + I$ の均衡条件は，$C + S = C + I$ より，

$$S = I$$

の形に書き直すことができます。これは，C を共通項として，貯蓄されてしまって需要にならない貯蓄と投資需要が等しくなるところで総需要と総供給が一致することを意味しています。これが**所得決定の貯蓄・投資アプローチ**です。この貯蓄と投資による所得決定も図7-4に示されています。すなわち，所得水準は S と I が均衡する Y_0 の水準に決定されます。このことを式で示すと次のようになります。均衡条件は，

$$S = I \qquad \cdots\cdots ⑬$$

であり，このうち，

$$S = -C_0 + (1-c)Y \qquad \cdots\cdots ⑭$$

$$I = \bar{I} \qquad \cdots\cdots ⑮$$

ですから，⑬式に⑭・⑮式を代入すると，

$$-C_0 + (1-c)Y = \bar{I} \qquad \cdots\cdots ⑯$$

となり，これを Y について解くと，

$$Y = \frac{1}{1-c}(C_0 + \bar{I}) \qquad \cdots\cdots ⑰$$

となります。この⑰式は総需要アプローチのときの式と同じです。

図 7-5　投資増加と所得増加

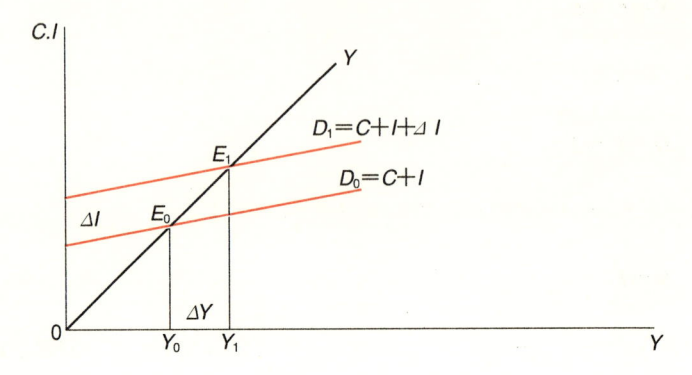

乗 数 理 論

乗数理論　これまで，均衡所得水準は総需要と総供給の等しいところで決定されるということをみてきました。次に，総需要が変化した場合，それが均衡国民所得にどのような効果を及ぼすかをみることにしましょう。

まず，図 7-5 を用いて均衡所得 Y_0 を出発点として，たとえば投資が ΔI だけ増加した場合，それが所得水準をどれだけ変化させるかを考察していきます。投資の増加 ΔI は総需要線を D_0 から D_1 へと ΔI だけ上方へシフトさせますので，Y と D の均衡点は E_0 から E_1 に移ります。その結果，国民所得は Y_0 から Y_1 に ΔY だけ増加します。

ここで，投資の増加が何倍の所得増加をもたらすかを k という記号で表しますと，

$$k = \frac{\Delta Y}{\Delta I}$$

となり，これを変形しますと，

$$\Delta Y = k\,\Delta I \qquad \cdots\cdots ⑱$$

となります。⑱式は，投資の増加はその k 倍だけ所得を増加させるというこ

とを示しています。この k を**乗数**といいます。

乗数 k は，$Y=C+I$ の単純な所得決定モデルでは，

$$k=\frac{1}{1-c} \quad \text{ゆえに、} \quad \Delta Y=\frac{1}{1-c}\Delta I \qquad \cdots\cdots\text{⑲}$$

と表すことができます。

この乗数の値は，所得決定式からすぐに求めることができます。最初の均衡点 E_0 の所得は，

$$Y_0=\frac{1}{1-c}(C_0+\bar{I}) \qquad \cdots\cdots\text{⑳}$$

で，決定されますが Y_1 の所得水準では投資増加 ΔI だけ総需要が増加しましたので，

$$Y_1=\frac{1}{1-c}(C_0+\bar{I}+\Delta I) \qquad \cdots\cdots\text{㉑}$$

となります。そこで，㉑式と⑳式の差をとりますと，

$$Y_1-Y_0=\Delta Y=\frac{1}{1-c}\Delta I \qquad \cdots\cdots\text{㉒}$$

となり，⑲式が得られます。

乗数過程　　乗数理論が教えてくれる最も重要なことは，投資需要の増加がその何倍もの国民所得の増加を生みだすということです。この関係は，所得（生産）の増加が生みだす派生的な需要をみることによって明らかになります。いま，投資が新たに ΔI だけ増加したとします。投資が増加すると，まずこの大きさだけ所得が増加します（$\Delta I=\Delta Y_1$）。所得が増加すると，所得の増加に限界消費性向 c を掛けた大きさだけ消費需要が増加します（$c\Delta I=c\Delta Y_1$）。この消費増加は消費財の生産を増加させ，それに等しい所得増加をもたらします（$c\Delta I=c\Delta Y_1=\Delta Y_2$）。さらに，この所得増加もその c 倍の消費増加（$c^2\Delta I=c\Delta Y_2$）を生みます。これがまた，所得増加をもたらします。

このようにして，最初の投資増加は次々に所得増加をもたらし，結果として

表 7-1 乗数効果の波及プロセス

ΔI	ΔC	ΔY
100		100 (ΔI)
	80 $(c\Delta I)$	80 $(c\Delta I)$
	64 $(c^2\Delta I)$	64 $(c^2\Delta I)$
	⋮	⋮
合 計	400	500

一定の大きさの所得増加を生み出します。所得増加の合計は，

$$\Delta Y = \Delta Y_1 + \Delta Y_2 + \Delta Y_3 + \cdots\cdots$$
$$= \Delta I + c\Delta I + c^2\Delta I + \cdots\cdots$$
$$= (1 + c + c^2 + \cdots\cdots + c^n)\Delta I$$
$$= \frac{1}{1-c}\Delta I$$

となります。かくして，投資増加 ΔI は，その乗数 $\frac{1}{1-c}$ 倍だけ所得を増加させるということがわかります。これは，初項を ΔI，公比を c とする無限等比級数の和として求められたものです。

たとえば，$\Delta I = 100$ 億円，$c = 0.8$ としますと，所得増加は，
$$\Delta Y = \frac{1}{1-0.8} \times 100 = 5 \times 100 = 500 \text{億円}$$
となります。この場合の乗数効果の波及プロセスは，表 7-1 のようになります。

8 財政活動と国民所得

インフレ・ギャップとデフレ・ギャップ

これまでの均衡国民所得決定の議論で注意しなければならないことは，均衡国民所得の水準は完全雇用を保証する所得水準であるとは限らないということです。

いま，図8−1において総需要が D_0 の水準にあるとき，均衡所得は Y_0 の水準に決定されます。ここで，完全雇用国民所得を Y_f とすると，Y_0 の所得水準は Y_f を下回るために経済は失業者を抱えたままで均衡していることになります。この場合には，完全雇用所得水準 Y_f に対して bc だけ総需要が不足しています。この総需要の不足分を**デフレ・ギャップ**といいます。他方，総需要が D_2 の水準にある場合には，総需要が完全雇用所得水準を上回ることになります。この総需要の超過分 ab を**インフレ・ギャップ**といいます。

総需要管理政策　図8−1からわかりますように，経済にデフレ・ギャップが存在すると，失業が発生し，インフレ・ギャップが存在すると物価上昇が生じることになります。

そこで，政府が経済に介入して，総需要の水準が D_1 になるように調整する必要があります。これを**総需要管理政策**といいます。

財政活動と均衡所得水準の決定

政府の財政活動には，租税収入と政府支出の両面があります。租税収入の主なものは，個人税，法人税，社会保険料，間接税などであり，政府支出は政府による財・サービスの購入と移転支出です。ここでは，こうした財政活動を含め

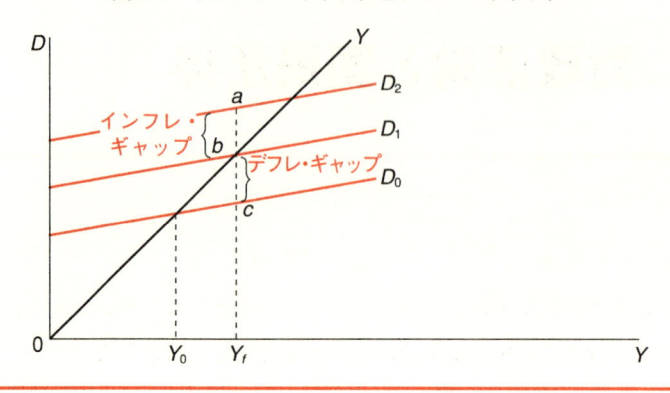

図8-1 インフレ・ギャップとデフレ・ギャップ

た国民所得の決定を考えます。

均衡国民所得の決定（1） 国民経済が，家計・企業・政府の3部門からなるとすれば，総需要 D は，

$$D = C + I + G$$

となります。このとき，G は政府支出額を示します。したがって，総供給 Y と総需要のバランス式は，

$$Y = C + I + G \qquad \cdots\cdots ①$$

となります。

ところで，政府の活動を含めると，家計は所得から租税 T を支払わなくてはなりません。そのために，消費に使える所得は租税を控除した**可処分所得** Y_d となりますから，消費関数はこれまでの $C = C_0 + cY$ から，可処分所得の関数として，

$$\begin{aligned} C &= C_0 + cY_d \\ &= C_0 + c(Y - T) \end{aligned} \qquad \cdots\cdots ②$$

へと変わります。

　ここで、政府支出を $G=\bar{G}$、租税を $T=T_0$ とおけば、政府を含む均衡所得決定のモデルは次のようにまとめることができます。

$$Y=C+I+G \quad \cdots\cdots ③$$

$$C=C_0+c(Y-T_0) \quad \cdots\cdots ④$$

$$I=\bar{I} \quad \cdots\cdots ⑤$$

$$G=\bar{G} \quad \cdots\cdots ⑥$$

$$T=T_0 \quad \cdots\cdots ⑦$$

このモデルの④、⑤、⑥、⑦式を、国民所得の均衡条件を示す③式に代入しますと、

$$Y=C_0+c(Y-T_0)+\bar{I}+\bar{G} \quad \cdots\cdots ⑧$$

となり、これを Y について解くと、

$$Y=\frac{1}{1-c}(C_0-cT_0+\bar{I}+\bar{G}) \quad \cdots\cdots ⑨$$

得られます。これが、**政府を含む均衡国民所得の決定式**です。

政府支出と租税乗数　　次に、⑨式をもとにして、政府による財政政策が国民所得に及ぼす効果を分析することができます。

　第1に、公共投資のような政府支出の増大が国民所得に与える効果を考えてみます。いま、政府支出が $\bar{G}$ から $(\bar{G}+\Delta G)$ へと ΔG だけ増加したとします。その結果、国民所得が Y から $(Y+\Delta Y)$ へと増加しますと、新しい均衡所得水準は⑨式に基づいて、

$$Y+\Delta Y=\frac{1}{1-c}(C_0-cT_0+\bar{I}+\bar{G}+\Delta G) \quad \cdots\cdots ⑩$$

となります。そこで，⑨式と⑩式の差をとりますと，

$$\Delta Y=\frac{1}{1-c}\Delta G \quad \cdots\cdots ⑪$$

が得られます。これによって，政府支出の増加 ΔG がどれだけの国民所得の増加をもたらすかを示すことができます。すなわち，政府支出の増加は乗数効果を通じて ΔG に $\frac{1}{(1-c)}$ を乗じた分だけ国民所得を増やすことになります。この乗数 $\frac{1}{(1-c)}$ を**政府支出乗数**といいます。

 第2に，政府が減税した場合の所得への効果を考えます。減税は，$-\Delta T$ で示されます。すなわち，一定の租税 T_0 から $T_0-\Delta T$ へと ΔT だけ減税されます。ここで，減税による可処分所得の増加を通じて国民所得が Y から $Y+\Delta Y$ へと増加したとすれば，新しい均衡所得水準は，

$$Y+\Delta Y=\frac{1}{1-c}\{C_0-c(T_0-\Delta T)+\bar{I}+\bar{G}\} \quad \cdots\cdots ⑫$$

となります。そこで，先の⑨式と⑫式の差をとりますと，

$$\Delta Y=\frac{c}{1-c}\Delta T \quad \cdots\cdots ⑬$$

が得られます。これによって，ΔT だけ減税が行われると，ΔT に $\frac{c}{(1-c)}$ を乗じた分だけ，国民所得が増加するということがわかります。このときの乗数 $\frac{c}{(1-c)}$ を**租税乗数**といいます。

 減税とは反対に，景気過熱時の景気抑制策として増税政策（$T_0+\Delta T$）がとられた場合には，国民所得の変化分は，

$$\Delta Y=\frac{-c}{1-c}\Delta T \quad \cdots\cdots ⑭$$

となり，国民所得は増税分 ΔT に $\frac{-c}{(1-c)}$ を乗じただけ減少することになります。

 ところで，⑪式と⑬式より，所得増大策として政府支出増加 ΔG と減税 ΔT

ではどちらの方が所得に与える効果が大きいかをみることができます。それは，政府支出乗数と租税乗数を比較すればわかります。すなわち，

$$\frac{1}{1-c} > \frac{c}{1-c}$$

となりますので，結果として ΔG と ΔT が同額であったとしても，政府支出増加の方が所得に与える効果は大きいということになります。

均衡予算乗数の定理

均衡予算乗数の定理　次に，政府支出を増大する一方で，それと同額だけ租税収入を増加させた場合，政府支出増大が国民所得にどのような効果を与えるかを考えてみましょう。これが，均衡予算乗数の問題です。

単純化して，租税収入を一定 (T) としますと，均衡所得の決定式は，

$$Y = C_0 + c(Y-T) + \bar{I} + \bar{G}$$

となり，これを Y について解きますと，

$$Y = \frac{1}{1-c}(C_0 - cT + \bar{I} + \bar{G}) \qquad \cdots\cdots ⑮$$

となります。ここで，政府支出が ΔG だけ増加し，租税が同額 ΔT だけ増加しますと，均衡所得の新たな水準は，

$$Y + \Delta Y = \frac{1}{1-c}\{C_0 - c(T + \Delta T) + \bar{I} + \bar{G} + \Delta G\} \qquad \cdots\cdots ⑯$$

となります。⑯式と⑮式の差をとると，

$$\Delta Y = \frac{1}{1-c}(-c\,\Delta T + \Delta G)$$

が得られます。$\Delta G = \Delta T$ ですから，

$$\Delta Y = \frac{1}{1-c}(-c\Delta G + \Delta G) = 1 \times \Delta G$$

となります。したがって，乗数は1となり，国民所得は政府支出の増加分 ΔG

だけ増加します。これを**均衡予算乗数の定理**といいます。

税率と均衡国民所得

租税関数　ところで，これまで租税は単純に一定として$T=T_0$としてきましたが，現実には税額が所得の大きさによって左右されますので，両者の関係は，

$$T = T_0 + tY \quad \cdots\cdots ⑰$$

のように示されます。これを**租税関数**といいます。ここで，T_0は所得に依存しない税金であり，例としては固定資産税など資産に対する税金をあげることができます。tは$\frac{\Delta T}{\Delta Y}$であり，所得の変化分に対応した税額の変化分の割合で，限界税率あるいは**限界租税性向**とよばれます。tYは所得の一定割合が政府の税収になるということであり，例としては所得税や法人税をあげることができます。租税関数を⑰式のように定式化しますと，政府にとって税収の大きさは所得の大きさに依存するために，財政支出のGと異なり完全にはコントロールできないことがわかります。

均衡国民所得の決定（2）　政府を含めた均衡国民所得の決定を考える場合，租税を示す先の⑦式$T=T_0$の代わりに，租税関数式⑰を用いると，均衡所得決定の式は，次のように書き改められます。

$$Y = C_0 + c\{Y - (T_0 + tY)\} + \bar{I} + \bar{G} \quad \cdots\cdots ⑱$$

これをYについて解きますと，

$$Y = \frac{1}{1-c(1-t)}(C_0 - cT_0 + \bar{I} + \bar{G}) \quad \cdots\cdots ⑲$$

となります。これが租税関数の導入により複雑化した均衡所得の決定式です。

この場合，政府支出乗数は$\frac{1}{\{1-c(1-t)\}}$となり，租税乗数は減税の場合，$\frac{c}{\{1-c(1-t)\}}$となります。

ビルトイン・スタビライザー

自動安定装置　政府は，財政支出や税率といった財政変数を変化させることによって総需要を調整することができますが，今日，財政構造の中には，政府の裁量的政策とは別に総需要を自動的に安定させるような機構が組み込まれています。これは**ビルトイン・スタビライザー**（自動安定装置）とよばれます。

ビルトイン・スタビライザーの例としては，⑲式に示される税率を含む乗数 $\frac{1}{1-c(1-t)}$ の働きをあげることができます。この乗数を税率を含まない場合の乗数 $\frac{1}{1-c}$ と比較しますと，乗数の値は小さくなります。このことは，民間消費や民間投資の自律的需要が変化した場合にも GDP の変動は小さくなることを意味しています。これにより総需要はある程度自動的に安定化することになります。ゆえに現代の税体系はビルトイン・スタビライザーの機能を有しているということができます。

そのほかにビルトイン・スタビライザーの機能を有するものとしては，累進所得税や失業保険制度があります。

累進所得税　累進税率のもとでは，経済が好況局面に入り所得水準が上昇すると，税率も高くなって可処分所得の伸びが抑えられ，それによって消費，すなわち総需要の増加が抑制されます。反対に，不況で所得が減少すると税率も下がり，結果として総需要の落込みが軽減されます。それゆえ，累進税制により可処分所得の変動幅は小さくなり，消費需要の動きが安定することになります。

失業保険制度　社会保障制度の重要な柱の1つである**失業保険制度**も好況・不況に応じて総需要を安定させる働きをもちます。すなわち，不況期には，失業者が増加しても一定期間失業保険の給付を受けることができるために，消費，すなわち総需要はあまり減少せず，景気の落込みを軽減できます。反対に好況期には，失業保険給付額が減少するとともに，雇用者から失業保険料を徴

収することによって，総需要の増大を抑制することができます。

　そのほか，主要農産物の生産制限と政府による一定価格での買上げによって農家に一定の所得水準を保障する**農産物価格支持制度**もビルトイン・スタビライザーの役割を果たしています。

　このようにして，財政に組み込まれた制度が，好況期には総需要の増大を抑制し，不況期にはその増大を促す効果をもちます。財政のもつこのようなビルトイン・スタビライザーは，政府の裁量を待たずに機能するために，政策のタイミングが遅れることはありません。こうした点から，経済変動の安定化に一定の役割を果たすと考えられます。ただし，経済の変動を緩和する効果をもつとはいえ，それだけで不況の進行を阻止し，経済全体を完全雇用の水準まで回復させるほどの安定効果をもつものではありません。このことは，ビルトイン・スタビライザーそれ自体の性格から推量できます。

　たとえば，累進税率についていえば，所得変動に対して受身的に税収を増減させるのみであり，それだけで所得変動全体を補整するような強い作用はありません。また，失業保険制度にしても，不況期に発生する失業者に対し，その所得損失の一部を補塡するだけです。したがって，ビルトイン・スタビライザーそれ自体の機能によって，いったん不況に陥った経済を回復させるといった積極的な効果はありません。それゆえ，総需要管理のために自由裁量的な財政政策が必要となります。

9 開放体系における国民所得決定

開放体系下の所得決定

これまでみてきましたような国民経済のみを考察するモデルは封鎖体系とよばれますが，海外取引を含むモデルは**開放体系**といいます。

外国貿易乗数　開放体系下の経済では，総需要および総供給を構成する要素の中に，外国への輸出および外国からの輸入が入ってきます。すなわち，輸出は自国の財に対する外国からの需要であり，輸入は外国から自国への供給と考えられます。

このことから，開放体系下の総需要と総供給の均衡条件は，

$$Y = C + I + G + X - M \qquad \cdots\cdots ①$$

となります。ここで，各関数を次のように特定化します。

$$C = C_0 + c(Y - T) \qquad \cdots\cdots ②$$

$$I = \bar{I} \qquad \cdots\cdots ③$$

$$G = \bar{G} \qquad \cdots\cdots ④$$

また，輸出は外国の需要ですから，自国の所得水準とは独立した大きさになりますので，

$$X = \bar{X} \qquad \cdots\cdots ⑤$$

と表せます。輸入は外国の財に対する自国の需要ですから，その大きさは自国の所得水準の関数とみなすことができ，

$$M = m_0 + mY \qquad \cdots\cdots ⑥$$

と表すことができます。ここで，m_0 は所得と独立した輸入であり，m は**限界輸入性向**，すなわち所得が増加したときの輸入の増加の割合 $\dfrac{\Delta M}{\Delta Y}$ です。

②式から⑥式までを①式に代入して，Y について解きますと，

$$Y = \frac{1}{1-c+m}(C_0 - cT + \bar{I} + \bar{G} + \bar{X} - m_0) \qquad \cdots\cdots ⑦$$

となります。⑦式が**開放体系下の均衡国民所得決定式**です。ここで，

$$\frac{1}{1-c+m} = \frac{1}{s+m} \qquad \cdots\cdots ⑧$$

を**外国貿易乗数**といい，I, G および X の変化に伴って，乗数倍だけの所得が増加することを意味しています。

たとえば，いま輸出が ΔX だけ増加したと仮定しますと，所得の増加は，

$$\Delta Y = \frac{1}{1-c+m} \Delta X \qquad \cdots\cdots ⑨$$

となります。

輸入誘発効果

これまでの説明からわかりますように，輸出が増加しますと，外国貿易乗数を通じて国民所得が増加しますが，この所得増加は先に示した輸入関数 $M = m_0 + mY$ を通じて輸入の増加をもたらすことになります。

そこで，輸出の増加（ΔX）が所得の増加（ΔY）を通じてどれだけの輸入増加を生み出すかを示すことができます。

まず，輸出増加と所得増加の関係は，先の⑨式より，

$$\Delta Y = \frac{1}{s+m} \Delta X \qquad \cdots\cdots ⑩$$

となります。次に，所得増加と輸入増加の関係は，輸入関数より，

$$\Delta M = m \Delta Y \qquad \cdots\cdots⑪$$

となりますので，ΔY に⑩式を代入しますと，

$$\Delta M = m \cdot \frac{1}{s+m} \Delta X = \frac{m}{s+m} \Delta X \qquad \cdots\cdots⑫$$

となります。$\frac{m}{s+m}$ の分子と分母を m で割って整理しますと，

$$\Delta M = \frac{1}{\frac{s}{m}+1} \Delta X \qquad \cdots\cdots⑬$$

が得られます。ここで，$\frac{1}{\frac{s}{m}+1}$ は，輸出の増加が輸入をどれだけ増加させるかを示す係数であり，これを**輸入誘発係数**といいます。このように，輸出の増加によって輸入が増加することを**輸入誘発効果**といいます。なお，このことは，輸出の増加以外に，民間投資の増加（ΔI）や政府支出の増加（ΔG）の場合にもあてはまります。

輸出と経常収支

次に，輸出と輸入のバランスを経常収支としますと，経常収支 B は次のように示すことができます。

$$B = X - M \qquad \cdots\cdots⑭$$

ここで，いま経常収支が均衡していると仮定した場合，輸出の増加が経常収支をどのように変化させるかをみることにします。まず，輸出増加と輸入増加による経常収支の変化は次のように表されます。

$$\Delta B = \Delta X - \Delta M \qquad \cdots\cdots⑮$$

9 開放体系における国民所得決定

このとき，輸入増加分は先の⑬式より，$\Delta M = \dfrac{1}{\frac{s}{m}+1}\Delta X$ ですから，これを上式に代入して整理しますと，

$$\Delta B = \Delta X - \dfrac{1}{\frac{s}{m}+1}\Delta X = \dfrac{s}{s+m}\Delta X \qquad \cdots\cdots ⑯$$

となります。ここで，限界貯蓄性向 s も限界輸入性向 m もともに，ゼロよりは大きく1よりは小さいという性質がありますので，結果として $0 < \dfrac{s}{s+m} < 1$ となるために，輸出の増加分 ΔX より輸入増加分 ΔM の方が小さくなります。このことは，輸出の増加により，経常収支は黒字になることを意味します。

政府支出と経常収支

次に，政府支出の増加が経常収支に与える影響をみてみます。

　政府支出の増加による所得の増加（ΔY）は，

$$\Delta Y = \dfrac{1}{s+m}\Delta G \qquad \cdots\cdots ⑰$$

となります。このとき，経常収支は，

$$\begin{aligned}\Delta B &= \Delta X - \Delta M = \Delta X - m\Delta Y \\ &= \Delta X - \dfrac{m}{s+m}\Delta G\end{aligned} \qquad \cdots\cdots ⑱$$

となりますが，$\Delta X = 0$ であるとしますと，

$$\Delta B = -\dfrac{m}{s+m}\Delta G \qquad \cdots\cdots ⑲$$

となります。ゆえに，政府支出の増加は経常収支を悪化させることがわかります。同じことは国内投資についてもいえますから，いわゆる内需の拡大は経常収支の黒字を減らすか，赤字を拡大させることになることがわかります。

10 消費関数の理論

所得決定と消費関数

これまでの国民所得決定論の説明を通じて，総需要を構成するもっとも重要な変数が消費および投資であることがわかりました。それゆえ，消費や投資がどのような要因によって変化するかを見極めることは，経済の動向を的確に予測し，経済政策を適切に行うためにも重要な問題であるといえます。本章では，そのうち消費を決定する要因は何かということについて考えていきます。

ケインズ型消費関数　前章までの均衡国民所得の決定では，消費需要の決定について，消費支出を国民所得の水準に結び付けるケインズ型消費関数が用いられました。

　このケインズ型消費関数の特徴は，第1に，他の条件をすべて捨象し，消費支出を国民所得の絶対水準に結び付けたことです。これを**絶対所得仮説**といいます。第2は，限界消費性向が一定であっても，所得の増大とともに平均消費性向が低下することを仮定したことです。

クズネッツの推計　しかし，第2次世界大戦後，アメリカにおいて，戦後に見込まれる景気動向を予測する目的で，長期的な平均消費性向の低下を仮定する消費関数が用いられましたが，その計測の結果は現実からかなり隔たったものでした。

　消費について明らかにされた統計的事実の1つは，実質所得の増加にもかかわらず，平均消費性向は長期的にはほとんど不変であるということでした。これを明らかにしたのは，クズネッツ（Simon Kuznets）であり，1869年〜1939年

の長期にわたりアメリカのデータを用いて、消費は所得に比例しており、平均消費性向は長期にわたってほぼ一定であることを発見しました。この場合の長期消費関数は、原点から出発する直線の形になると考えられます。

ただし、短期では消費性向にかなりの変動がみられ、消費は必ずしも所得に比例して動きません。そこには、プラスの切片をもつケインズ型消費関数が認められます。そこで、所得の増加につれて平均消費性向が低下するケインズ型の短期消費関数と、所得と消費が比例的に動くクズネッツ型の長期消費関数をいかに矛盾なく説明できるかが大きな課題となりました。こうしたなかで提示された消費関数の3大仮説が、「相対所得仮説」、「恒常所得仮説」、「ライフ・サイクル仮説」です。

相対所得仮説

短期と長期の平均消費性向の動きを説明するために、人々の消費は現在の所得だけでなく、過去の最高所得水準にも依存することに注目したのが、デューゼンベリー (James Duesenberry) の**相対所得仮説**です。

デューゼンベリーは、人々は所得の増加に合わせて消費生活を楽しむが、景気後退期に所得水準が低下しても、それに応じて消費水準を抑制することはないという経験的事実に基づいて消費の動きを説明しています。

ラチェット効果　　これは図を用いて示すことができます（図10-1）。長期消費関数を C_L とすると、経済が順調に成長している場合には所得は Y_0、Y_1 と上昇し、それにつれて消費も比例的に増えていくので、消費支出は C_L に沿って拡大していきます。このときには、平均消費性向は一定となります。

ところが、いま最高所得水準を Y_0 として、景気後退が生じ、所得水準が Y_0 より低い Y_2 に落ち込んだ場合を考えてみます。この所得低下に対し、人々は所得に応じて消費を減らすことが困難であるために、消費支出は短期消費関数 C_0 に沿って低下することになります。つまり、消費は所得の低下ほどには減少しません。そこで、景気後退期には平均消費性向が上昇することになります。

図10-1 相対所得仮説

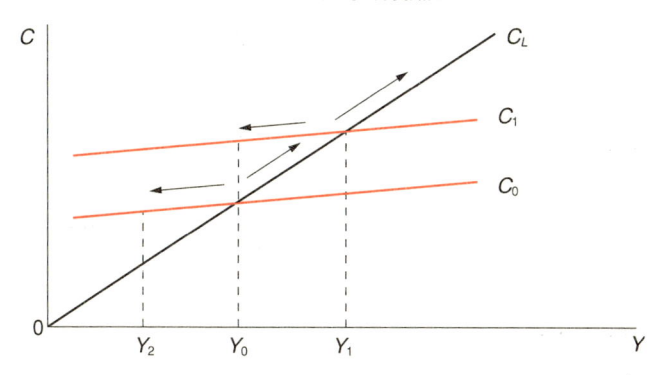

　再び景気が回復しますと，消費はC_0に沿って増加し，所得が過去の最高水準Y_0を超えると，長期消費関数C_Lに沿って，所得の増加に比例して増加することになります。所得がY_1の水準に達した場合に再び景気後退が生じると，今度はC_1に沿った消費の動きがみられると考えられます。

　ここからわかることは，不況ごとに過去の最高所得水準Y_0，Y_1が消費の減少に歯止めをかけているということです。この効果を「**歯止め効果（ratchet effect）**」といいます。ここから，ケインズ型消費関数C_0，C_1は，景気の後退・回復のプロセスのなかで，歯止め効果によって生み出されるものであるということができます。

恒常所得仮説

フリードマン（M. Friedman）は，消費は人々が現在から将来にわたって確実に入手し得ると期待する所得，すなわち恒常所得に依存するという**恒常所得仮説**を提唱しました。

恒常所得・変動所得　　フリードマンによれば，所得全体は恒常所得Y_Pと変動所得Y_Tに分けられます。このうち恒常所得とは，毎月の給与のように現在および将来にわたって得られると予想し得る所得ですが，変動所得は景気に

よって変動するボーナスや臨時収入のように一時的要因によって生じる所得のことです。恒常所得仮説は，人々の消費は恒常所得に依存して決まり，変動所得には影響されないというものです。ここで所得は，

$$Y = Y_P + Y_T \qquad \cdots\cdots ①$$

となります。これらの所得からの消費を恒常消費 C_P と変動消費 C_T としますと，

$$C = C_P + C_T \qquad \cdots\cdots ②$$

となります。恒常所得 Y_P に対する恒常消費の割合を $\dfrac{C_P}{Y_P} = k$ としますと，

$$C_P = kY_P \qquad \cdots\cdots ③$$

となります。③式より，

$$C = kY_P + C_T \qquad \cdots\cdots ④$$

となりますので，この④式を所得 Y で割りますと，平均消費性向を表す次式を得ます。

$$\dfrac{C}{Y} = \dfrac{kY_P}{Y} + \dfrac{C_T}{Y} \qquad \cdots\cdots ⑤$$

この⑤式より，恒常所得と消費の関数に注目しますと，短期的には所得 Y が増加しても恒常所得 Y_P はそれほど変化しませんので，平均消費性向は所得の増加に従って低下するといえます。一方，長期的には経済の成長とともに Y_P も増加すると考えられますので，$\dfrac{Y_P}{Y}$ の値は安定的になるとみられます。ゆえに，長期における平均消費性向の安定性を論証することができることになります。結果として，短期的にはケインズ型の消費関数が現れますが，長期的にはクズネッツ型の消費関数が現れると考えることができます。

ライフ・サイクル仮説

　消費関数の短期と長期の違いを説明する第3の仮説は，**ライフ・サイクル仮説**です。これは，モジリアーニ（F. Modigliani），ブランバーグ（R. Brumberg），安藤によって提唱されたものです。この仮説は，個人の消費が今期の所得ではなく，その人の生涯にわたって得ることのできる所得に依存するというものです。

生涯所得と生涯消費　　まず，現時点でみた場合，ある個人のこれから定年を迎えるまでの生涯所得の大きさを示すことが必要です。そこで，その人はいま T 歳であり，N 歳で定年になり，L 歳まで寿命があるとします。この人の就業期間は $(N-T)$ ですから，年当たりの実質労働所得を Y としますと，労働によって得られる所得は，

$$(N-T)Y \qquad \cdots\cdots ⑥$$

となります。また，現時点で，$\dfrac{W}{P}$ の資産を保有しているとします。ゆえに，この人の生涯所得は，

$$(N-T)Y + \frac{W}{P} \qquad \cdots\cdots ⑦$$

となります。一方，この人は現時点で $(L-T)$ 年の余命があり，その間に年当たり C 円の消費を行うものとしますと，生涯消費の総額は，

$$(L-T)C \text{ 円} \qquad \cdots\cdots ⑧$$

となります。この個人が生涯に所得を全部使い切るものとしますと，生涯所得と生涯消費が一致しますので，

$$(L-T)C = (N-T)Y + \frac{W}{P} \qquad \cdots\cdots ⑨$$

となります。この⑨式を変形しますと，

$$C = \frac{N-T}{L-T}Y + \frac{1}{L-T} \cdot \frac{W}{P} \qquad \cdots\cdots ⑩$$

となり，ここで，$\frac{N-T}{L-T}=a$，$\frac{1}{L-T}=b$ としますと，⑩式から次の消費関数を導くことができます。

$$C = aY + b\frac{W}{P} \qquad \cdots\cdots ⑪$$

⑪式における係数 a は労働所得からの限界消費性向であり，b は富からの限界消費性向を表しています。この⑪式の両辺を Y で割りますと，平均消費性向が得られます。

$$\frac{C}{Y} = a + b\frac{W/P}{Y} \qquad \cdots\cdots ⑫$$

短期的には，社会の資産総額はほぼ一定であると考えられますので，平均消費性向 $\frac{C}{Y}$ は，Y の動きだけに左右されることになります。そこで，好況期に Y が上昇しますと $\frac{C}{Y}$ が低下し，Y が低下すれば $\frac{C}{Y}$ は上昇することになります。これが短期のケインズ型消費関数を表すことになります。

一方，長期的にみますと，Y の増加とともに資産 $\frac{W}{P}$ も増加していくと考えられます。そこで，長期では $\frac{W/P}{Y}$ が一定となるために，平均消費性向 $\frac{C}{Y}$ も一定となります。ここに，長期のクズネッツ型消費関数が現れることになります。

ケインズ以後の消費関数の特徴　　これまで述べましたケインズ以後の消費関数の3大仮説は，絶対所得仮説の実証面のギャップを現実所得以外の説明変数によって補おうとするものです。そこには，人々の消費行動を説明する場合には，現在の所得だけでなく，相対所得・恒常所得・生涯所得といった，より幅の広い所得概念が必要となるという認識があります。とくに長期においては，現行の所得だけでなく，過去および将来における所得，さらには資産額の動向が現在の消費に影響を与えるということです。

11　投資決定の理論

ここでは，総需要を構成する要素の1つである投資需要の水準を決めるものは何かを考えます。投資は，民間企業の設備投資，在庫投資および家計と企業の両方を含む住宅投資，さらには公的部門による公的投資からなります。

投資の額は，消費に比べてそれほど大きくはありませんが，景気に応じて大きく変動するために，景気循環の振れを大きくするという意味で重要な変数であるといえます。それゆえ，投資がどのように決定されるかを知ることはきわめて重要です。なお，ここでは各種の投資のうち民間企業の設備投資を中心にみていきます。

ケインズの投資決定論

設備投資の決定に関する基本的な考え方は，企業は投資に伴う予想収益と投資の費用を比較することによって決定するということです。つまり，企業家は投資を決定するにあたって，購入する資本財からその耐用期間を通じて得られると期待する収益を計算し，それと資本設備の購入に必要な資金額とを比較して，投資の決定を行うと考えられます。これが**ケインズの投資決定論**です。

企業の投資決定　　いま，資本財の購入費用をS円とします。購入した資本財の耐用年数がn年とすれば，収益はそこからn年まで得られると予想される年々の収益Q_1, Q_2, Q_3, ……, Q_nの合計です。投資はこの費用S円と予想収益の合計を比較することによって決定されます。ただし，両者を比較する場合には，予想収益を現在価値に直す必要があります。

予想収益の現在価値を求めるためには，それぞれの予想収益を現行利子率iで割り引かねばなりません。そこで，この投資から得られる予想収益の割引現

在価値を D 円としますと,

$$D = \frac{Q_1}{(1+i)} + \frac{Q_2}{(1+i)^2} + \cdots\cdots + \frac{Q_n}{(1+i)^n} \qquad \cdots\cdots ①$$

となります。この D は**資本財の需要価格**とよばれます。そこで,企業家が投資を決定するさいには,資本財の購入費用(供給価格)S 円と需要価格 D 円とを比較して決めることになります。

投資の限界効率　　投資決定は投資の限界効率と利子率の比較によっても示すことができます。資本財の購入費用 S 円と年々の予想収益 Q_1, Q_2, Q_3, ……, Q_n がわかりますと,そこからこの資本財がもたらす予想収益率がわかります。それは,次のような関係を満たす割引率として定義されます。

$$S = \frac{Q_1}{(1+m)} + \frac{Q_2}{(1+m)^2} + \cdots\cdots + \frac{Q_n}{(1+m)^n} \qquad \cdots\cdots ②$$

この割引率 m は,**投資の限界効率**とよばれます。投資の限界効率をこのように定義すれば,①式と②式の比較から明らかなように,需要価格 D 円が購入費用 S 円を上回っているかぎり,投資の限界効率 m は利子率 i より高く,逆に D が S を下回っているときには,m は i よりも低くなります。D と S が等しいときには,m も i と一致しています。したがって,そこには,

$$D > S \quad m > i$$
$$D = S \quad m = i$$
$$D < S \quad m < i$$

という関係が成り立ち,投資の決定は,投資の限界効率と利子率の比較考量によって決定されるということができます。

ケインズの投資関数　　企業の投資決定がこのような基準で行われるならば,投資総額の水準はどのようになるでしょうか。一般に,企業は複数の投資プロジェクトをもっており,その限界効率はプロジェクトによって異なります。

図11-1 投資の限界効率と利子率による投資決定

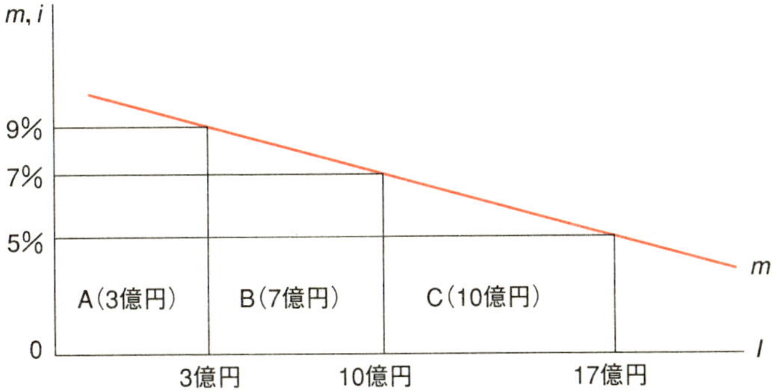

そこでいま、A, B, Cという3つの投資プロジェクトが存在し、それぞれ投資額をA＝3億円、B＝7億円、C＝10億円、限界効率をA＝9％、B＝7％、C＝5％とします。ここで、図11-1に示されるように、利子率が6％ならば、投資AとBが実施されることになりますし、利子率が5％に低下すると、Cのプロジェクトも実行可能となります。つまり、限界効率が与えられますと、利子率が低下するにつれて投資は増加することになります。ゆえに、投資は利子率の水準に応じて決定されることになります。

経済全体としては、限界効率の異なる投資プロジェクトが無数に存在することになりますので、投資額と限界効率の関係は図11-1のような右下がりの線として表すことができます。これを**投資の限界効率表**といいます。ここから、投資は利子率の減少関数として、

$$I = I(i)$$

という形で示すことができます。

なお、投資の限界効率表の位置は、企業による投資の予想収益の大きさに依存します。もし、企業の将来に対する期待が好転して予想収益が増加しますと、限界効率表は右方にシフトしますので、投資は拡大されることになりますし、反対に予想収益が低下すると、限界効率表は左方にシフトして、投資は減

少することになります。このように，企業の将来に対する期待いかんによって投資は変動しやすいという点も，ケインズ投資決定論の重要な論点であるといえます。

加速度原理

ケインズ型投資決定論では，予想収益と利子率が重要な要因となっています。しかし，投資の利子非弾力性が存在する場合には，投資と利子率の間に必ずしも優位な関係を見出すことができません。そこで，別の角度からも投資に関する説明が必要となります。

そうしたなかで，投資が工場や機械設備といった資本ストックの増加であることや，資本ストックと生産量の間には一定の関係があることに注目して投資を説明する考え方があります。それが，**加速度原理**です。この加速度原理の考え方は，生産量が増えますと，それを生産するための資本設備が必要となるために，資本ストックの増加としての投資が増えるということです。具体的にはまず，t 期の生産量を Y_t，t 期の資本ストックを K_t とすると両者の関係は，

$$K_t = vY_t \quad \cdots\cdots ③$$

と表せます。ここで，$v = \dfrac{K_t}{Y_t}$ ですから，v は生産物を1単位生産するのに必要な資本ストックの大きさを表すことがわかります。この v を**資本係数**といいます。ここから，生産量が前期 ($t-1$) から今期 (t) にかけて増加すると，それに応じて資本係数に従って資本ストックも増加することがわかります。この関係は，次のように表せます。

今期の生産量増加は $Y_t - Y_{t-1}$ であり，今期の資本ストックの増加は $K_t - K_{t-1}$ ですから，

$$K_t - K_{t-1} = v(Y_t - Y_{t-1}) \quad \cdots\cdots ④$$

であり，$K_t - K_{t-1} = \Delta K$ は t 期の投資 I_t となりますので，④式は，

$$I_t = v(Y_t - Y_{t-1}) \quad \cdots\cdots ⑤$$

となります。ここから、投資は生産量の変化に比例して決定されるといえます。ここで、vは**加速度係数**といわれます。

資本ストック調整原理

加速度原理では、生産の増加に応じて必要な資本ストックがそのまま実現されると想定されています。しかし、現実には企業が計画する投資はそのまま実現するとは限りません。つまり、$K_t - K_{t-1} = \Delta K = I_t$ は常にすべて実現されるわけではありません。通常、今期実現するのは ΔK の一定割合にすぎません。そこで、その割合を β としますと、$0 < \beta < 1$ ですから、

$$I_t = \beta(K_t - K_{t-1}) \quad \cdots\cdots ⑥$$

となります。β は調整係数とよばれます。そこで、今期の投資計画 ($K_t - K_{t-1}$) のうち、今期実現できなかった分 $(1-\beta)(K_t - K_{t-1})$ は来期に未完成分として持ち越されることになります。これを**資本ストック調整原理**といいます。

トービンの q 理論

ケインズ以後の投資理論としての加速度原理や資本ストック調整原理は、資本ストック、生産額および投資の間の一定の関係に焦点を当てたものです。これに対して現代の投資理論としてもっとも注目されているものに、株式市場における企業評価と投資理論を結び付けることで企業の投資行動を説明しようとする**トービンの q 理論**があります。

トービンの q トービン (J. Tobin) は、「トービンの q」という概念を用いることによって設備投資決定に関する企業行動を説明しています。ケインズの投資決定論でみましたように、企業は投資からの将来収益の現在価値とその投

資のための費用との比較によって投資を決定すると考えられます。その場合，ケインズの投資関数では，将来収益の現在価値は投資の実行主体である企業によって算定されるものと想定されていました。しかし，トービンのq理論では，この将来収益の現在価値を算定するのは，株式市場であるとされています。それゆえ，投資決定は，その企業の株式市場における評価に依存することになります。ここにおけるトービンのqは，次のように定義されます。

$$q = \frac{株式市場における企業の市場価値}{資本の再取得価格}$$

この式のうち，分子は株式市場が評価する企業の将来収益の現在価値であり，分母は企業が現在所有している資本ストックをすべて新たに買い換えようとした場合に，それに要する費用の総額にあたります。

トービンの投資理論 そこで，もしqが1より大きい場合には，株式市場の評価する企業の将来収益の現在価値が，その企業の資本ストックの市場価値より大きいことを意味しています。このことは，企業の追加投資に伴う将来の予想収益の増分が，その投資に要する費用を上回ることになります。ゆえに，qが1より大きいとき，投資は増大することになります。

一方，qが1より小さいならば，市場評価による企業の収益力が低いことを示しており，この場合には，その企業にとって現在所有する資本ストックが過剰であることになり，投資は手控えられることになります。したがって，投資はqの増加関数となります。

このトービンのq理論は，株式市場と企業の投資行動を結び付けた点で画期的なものです。そこでの株式市場の役割の重視は，従来の投資理論ではみられなかったものです。ただし，現状では実証分析を通じた検証が不十分であるといえます。

在庫投資・住宅投資

ここでは，設備投資の決定に関する理論をみてきましたが，GDP の構成要素としての投資には，設備投資のほかに在庫投資と住宅投資があります。これらの投資につきましても，それぞれ一定の大きさをもっており，それらの変動はGDP に少なからぬ影響を与えます。そこで，GDP の変動要因を考えるうえで，これらの投資がどのように決定されるかを知ることは重要であるといえます。

在庫投資　　在庫投資というのは在庫品の増加のことですが，それは製品在庫，仕掛品，および原材料からなります。こうした在庫投資の動きをみますと，短期的には激しく変動しています。たとえば，景気後退期には企業の売上が落ち込むために売れ残りという形で意図しない在庫の増加がみられます。この場合には，企業は生産水準を落とさざるを得ませんので，GDP の伸びも低下することになります。一方，景気が回復期に入り，企業の予想以上に売上が伸びていく段階では，意図しない在庫の減少が生じます。この場合には，企業は生産を増加させますので，GDP も伸びていくことになります。このように，在庫の変動は GDP の変動と密接な関連があるといえます。

　また，企業が在庫を変化させる要因として，景気の変動以外にも次のようなものがあります。例えば，原材料や仕掛品については，日常の生産活動を円滑に行うために一定の在庫を必要としますので，生産の増加に従って在庫の保有を増やすとみられます。製品在庫についても，販売活動をスムーズに行うために，一定の在庫の保有が必要です。また，原材料については，天候や政治情勢の変化などによって価格引上げや輸入数量の制限などが予想されるときには，早めに原材料を手当てする必要があるために在庫を増やすといったケースが考えられます。ただし，一般に，在庫増加はさまざまな保有コストの増加をもたらすために，今日では企業は在庫の保有を最小限に抑えるようになっています。

　事実，近年，GDP に占める在庫投資の割合は 1％以下となっており，数値

のうえでは小さなものとなっています。在庫保有が減少した理由としては，1つには在庫を保有する必要のないサービス産業が拡大したことがあげられます。また，在庫管理技術の発達が製造業における在庫の保有を減少させています。さらに，今後において在庫減少をもたらすうえで注目すべきは，IT革命の進展によるインターネットを通じた取引の拡大です。企業がインターネットを通じて個々の消費者の注文を受け，それに合わせて生産・販売を行うことになりますと，見込生産の場合と違ってあらかじめ余分な在庫を準備する必要がなくなります。これは，在庫を大幅に減少させると考えられます。

　いずれにしましても，従来，在庫投資は景気変動に応じて大きな変化を示していましたので，GDPの変動を予測するうえで大きな役割を果たしてきましたが，最近では，その重要性は低下しているとみられています。

住宅投資　　設備投資や在庫投資は企業の生産活動に関するものでしたが，住宅投資はそれらの投資と異なり，主として家計によってなされるものです。つまり，住宅投資は個人の効用を生み出すための投資ということになります。

　住宅投資の増加は，住宅建設に使われる各種の建設材料の需要を生み出すだけでなく，住宅に備え付けられるガス，水道，電気，電気製品，家具類など，多くの分野に需要を発生させますので，GDPの増加に大きく寄与するとみられています。

　住宅投資を決定するものとしては，個人の所得水準，住宅取得費用，住宅金融公庫の利用可能性，住宅ローン金利，などをあげることができます。ただし，住宅投資はこうした経済的な要因以外にも，核家族化といった世帯構成の変化，人口移動，税制を含む土地問題といった社会的要因によっても大きな影響を受けることになります。それゆえ，住宅投資を決定する要因は複雑であるといえます。

第3部　貨幣市場の分析

12 貨幣供給

マクロ経済学における市場利子率の決定は，貨幣市場における貨幣供給と貨幣需要によって説明することができます。

貨幣の機能

ここでは，貨幣供給がどのようにして決定されるかをみていきますが，そのために，まず貨幣とは何かを確認しておく必要があります。

貨幣とは次のような機能を有するもののことです。

(1) 経済取引を円滑に行うための**交換手段・支払手段**としての機能があります。

(2) 商品の価格は貨幣を単位とした金額で表されています。この価格にもとづいて商品価値が計られます。つまり，貨幣には財やサービスの**価値尺度機能**があります。

(3) 貨幣の形で資産をストックすることができます。すなわち貨幣には**価値保蔵機能**があります。

このように，交換の媒介手段として用いられ，取引にあたっては財の価値尺度を決め，かつ購買力を蓄積する手段として選ばれるものを**貨幣**といいます。

マネー・サプライの範囲

経済に供給され，流通している貨幣量であるマネー・サプライは，家計・企業・政府といった非金融部門が保有する「現金通貨」と「預金通貨」の合計と考えることができます。

現金通貨・預金通貨　　現金通貨は経済に流通している現金のことであり，中央銀行が発行する現金から金融機関の保有する分（日銀預け金を含む）を差し引いたものです。

預金通貨は，普通預金，当座預金および通知預金からなる要求払預金のことです。今日これらの預金は，企業における取引の支払いに代表されるように，小切手・手形の振出しを通じて支払手段として使用することができますし，また多くの支払いがあらかじめ銀行に設定した預金口座からの振替という形で行われます。したがって，これらの預金も貨幣としての機能を果たしていることになります。

それゆえ，マネー・サプライの基本的な大きさは，この現金通貨プラス預金通貨で与えられます。この大きさを M_1 といいます。すなわち，

$$M_1 = 現金通貨 + 預金通貨$$

となります。

次に，定期預金や定期積立といった定期性預金も中途解約や預金担保借入によって比較的容易に現金化が可能であるために，貨幣の中に含めることができます。これは**準通貨**とよばれます。これを含めたものを M_2 といいます。

$$M_2 = 現金通貨 + 預金通貨 + 定期性預金（準通貨）$$

M_2 に譲渡可能な大口定期預金のことである CD を加えた **M_2+CD** は，日本銀行においてマネー・サプライを測る場合の基本的指標となっているものです。

M_2+CD に郵便貯金，農協，漁協，労働金庫，信用組合の預貯金，信託銀行の金銭信託および貸付信託などを加えたものを M_3+CD といいます。これにさらに各種の有価証券を加えますと，貨幣の範囲をより拡大することができます。日本銀行の分類に従いますと，貨幣の範囲は表12-1のようになります。

表12-1 マネーサプライ統計の定義

	統 計 対 象 範 囲
M_1	現金通貨＋預金通貨（要求払預金）
M_2+CD	M_1＋準通貨（定期性預金等）＋CD ［預金通貨，準通貨，CDの調査対象先］ 国内銀行（外資系信託銀行を含む），外国銀行在日支店，全国信用金庫連合会，信用金庫，農林中央金庫，商工組合中央金庫
M_3+CD	M_2+CD＋郵便局・全国信用協同組合連合会・信用組合・労働金庫連合会・労働金庫・信用農業協同組合連合会・農業協同組合・信用漁業協同組合連合会・漁業協同組合の預貯金・CD＋国内銀行（外資系信託銀行を含む）信託勘定の金銭信託・貸付信託元本
広義流動性	M_3+CD＋国内銀行（外資系信託銀行を含む）信託勘定の金銭信託以外の金銭の信託元本＋証券投資信託元本＋債券現先＋金融債＋国債（政府短期証券を含む）＋外債＋金融機関発行CP
〈参考〉 最広義信用集計量	中央政府，公団・地方公共団体，法人企業，個人の借入（対外借入を除く），有価証券，CPによる資金調達残高。ただし，株式に関しては1994年末時点の株価で固定している。

〔出所〕日本銀行調査月報 1999年5月号

---

12 貨幣供給

現金通貨の供給と預金通貨の供給

マネー・サプライの大きさは，表12-1に示されるようにいくつかの段階にわけることができますが，ここではマネー・サプライの範囲としてM_1を取り上げて，それがどのように供給されるかをみていくことにします。

現金通貨の供給　　現金通貨は中央銀行（日本銀行）によって供給されます。中央銀行は何らかの資産と見返りに現金を供給しますが，その供給ルートは次のように分けられます。

(1) **中央銀行の金・外貨買上げによる対外資産増加**

わが国の商業銀行や企業などが取得した外貨は，政府の外国為替特別会計に，金は貴金属特別会計に買い入れられます。日本銀行は政府の委託によってこの業務を代行し，政府から金・外貨を買い取ります。これが現金通貨の増発要因

となります。

(2) 政府に対する信用供与

政府の一般財政資金が払い超となるとき，この不足額は主として政府短期証券を日本銀行が引き受ける形で政府に資金が供給されます。この対政府信用の増加が現金通貨増発の要因となります。

(3) 民間金融機関に対する信用供与

日本銀行は「銀行の銀行」として，貸付や手形の割引によって市中金融機関に対して信用を供与します。また，日本銀行は市中金融機関から債券の買入れを行います。これを買いオペレーションといいます。

　これが行われますと，日本銀行の資産の部に長期国債，政府短期証券，金融債などの保有が増え，その見返りに現金が発行されることになります。

ハイパワード・マネー　　現金通貨は以上のようなルートを通じて供給されますが，このようにして供給される現金は現金通貨だけでなく，民間金融機関が保有する現金準備（いわゆる金庫内現金および中央銀行預け金）を含みます。この両者を合計した中央銀行によって供給される現金全体の大きさを**ハイパワード・マネー**または**マネタリー・ベース**といいます。

預金通貨の供給（信用創造）　　現金通貨は日本銀行によって供給されますが，マネー・サプライの大半を占める預金通貨は市中銀行によって創造されます。市中銀行を通じて行われる預金通貨の供給を**信用創造**といいます。この信用創造のメカニズムは，次のように説明できます。

　いま，預金準備率を10％と仮定し，最初に1,000万円の現金がA銀行に預金されたとします。これを**本源的預金**といいます。A銀行は100万円を現金準備として，900万円を貸し出します。この900万円は何かの支払いに使われると思われますが，このお金を受け取った人は自らの取引銀行Bにこれを預金すると仮定します。B銀行は預金の10％にあたる90万円を現金準備として手元におき，810万円を貸し出します。これが次にC銀行に預けられると，また預金の

増加となります。このプロセスが繰り返されると，当初の預金の何倍もの預金通貨が創り出されることになります。次々に創造される預金を合計すると次のようになります。

$$預金総額 = 1,000 + 900 + 810 + \cdots\cdots = 1,000(1 + 0.9 + 0.9^2 + \cdots\cdots)$$
$$= 1,000 \times \frac{1}{1-0.9} = 10,000$$

上の式より，預金総額＝本源的預金（1,000）×預金準備率（10%）の逆数となります。ここで，預金総額を ΔD，現金準備を ΔR，預金準備率を r，本源的預金を ΔD_0，各段階での派生預金を ΔD_1，ΔD_2……としますと，信用創造のプロセスは，

$$\begin{aligned}\Delta D &= \Delta D_0 + \Delta D_1 + \Delta D_2 + \cdots\cdots \\ &= \Delta D_0 + (1-r)\Delta D_0 + (1-r)^2 \Delta D_0 + \cdots\cdots \\ &= \Delta D_0 [1 + (1-r) + (1-r)^2 + \cdots\cdots] \\ &= \frac{1}{1-(1-r)} \Delta D_0 = \frac{1}{r} \Delta D_0 \end{aligned}$$

となります。ここで，$\frac{1}{r}$ を**信用創造乗数**といいます。

マネー乗数アプローチ

現金通貨と預金通貨を合計したマネー・サプライの供給については，貨幣乗数を用いた式によって説明することができます。これを貨幣供給の決定に関する**マネー乗数アプローチ**といいます。

マネー・サプライの決定式　　まず，経済に供給され，流通しているマネー・サプライ M の大きさは，最も単純には**現金通貨 C ＋預金通貨 D** と考えられますので，$M = C + D$ となります。

　ハイパワード・マネー H は，現金通貨 C に銀行の現金準備（日銀預け金を含む）R を加えたものですから，$H = C + R$ となります。

この M と H よりマネー・サプライの決定式を導くことができます。まず，M を H で割ると，

$$\frac{M}{H} = \frac{C+D}{C+R} \qquad \cdots\cdots ①$$

を得ます。この式は，1単位のハイパワード・マネーから何倍のマネー・サプライが生み出されるかを示しています。①式の右辺の分母と分子を D で割ると，

$$\frac{M}{H} = \frac{\frac{C}{D}+1}{\frac{C}{D}+\frac{R}{D}} \qquad \cdots\cdots ②$$

となります。ここで，$\frac{C}{D}$ は公衆の保有する現金と預金の比率であり，**現金・預金比率**とよばれます。$\frac{R}{D}$ は預金に対する現金準備の割合ですから，**預金準備率**を表しています。

ここで，$\frac{C}{D}=g$，$\frac{R}{D}=r$ としますと②式は，

$$M = \frac{g+1}{g+r} H \qquad \cdots\cdots ③$$

となります。この③式は，ハイパワード・マネーの増加（ΔH）が，$\frac{g+1}{g+r}$ 倍だけのマネー・サプライを増加させることを意味しています。この乗数 $\frac{g+1}{g+r}$ を**貨幣乗数**といいます。

すなわち，

$$\Delta M = \frac{g+1}{g+r} \Delta H \qquad \cdots\cdots ④$$

となります。なお，マネー・サプライを実質貨幣供給量の形で表す場合には M を物価 P で割って，$\frac{M}{P} = \frac{g+1}{g+r} H$ となります。

貨幣乗数と信用乗数　次に，この貨幣乗数と預金通貨の供給において示した信用乗数の関係をみてみましょう。まず，ハイパワード・マネーの供給量が増加 ΔH しますと現金通貨が増加 ΔC しますが，この関係は次のように説明できます。すなわち，$H=C+R$ より，

$$\frac{C}{H} = \frac{C}{C+R} = \frac{\dfrac{C}{D}}{\dfrac{C}{D}+\dfrac{R}{D}} = \frac{g}{g+r} \qquad \cdots\cdots ⑤$$

となり，

$$\Delta C = \frac{g}{g+r} \Delta H \qquad \cdots\cdots ⑥$$

を得ます。また，ΔH によって銀行部門に本源的預金 D_0 が生じますと，それに応じて現金準備 ΔR の増加がありますので，この関係は $H=C+R$ より，

$$\frac{R}{H} = \frac{R}{C+R} = \frac{\dfrac{R}{D}}{\dfrac{C}{D}+\dfrac{R}{D}} = \frac{r}{g+r} \qquad \cdots\cdots ⑦$$

から，

$$\Delta R = \frac{r}{g+r} \Delta H \qquad \cdots\cdots ⑧$$

となります。
現金準備の増加 ΔR は，$\Delta D = \dfrac{1}{r} \Delta R$ の関係から，

$$\Delta D = \frac{1}{r} \Delta R = \frac{1}{r} \cdot \frac{r}{g+r} \Delta H = \frac{1}{g+r} \Delta H \qquad \cdots\cdots ⑨$$

となります。マネー・サプライの増加 $\Delta M = \Delta C + \Delta D$ は⑥と⑨の合計ですから，

$$\Delta M = \Delta C + \Delta D = \left(\frac{g}{g+r} + \frac{1}{g+r} \right) \Delta H$$
$$= \left(\frac{g+1}{g+r} \right) \Delta H \qquad \cdots\cdots ⑩$$

となり，先の④式と同じ結果を得ることができるということがわかります。

貨幣乗数の不安定性　③式より，中央銀行（日本銀行）がハイパワード・マネーの大きさを決定することができれば，その貨幣乗数倍のマネーが供給できることになります。

　ここで，貨幣乗数の安定性をみておきます。現実には，公衆による現金・預金比率 g がさまざまな要因によって変化する可能性がありますので，貨幣乗数は必ずしも安定的なものとはいえません。

　例えば，預金金利が上昇する場合には，現金保有に対する機会費用が高まるために g は低下します。逆に，預金金利が低い場合や銀行に対する信頼が揺らいでいる時には現金の選好が高まりますから，g は上昇します。g の低下は貨幣乗数を高めますが，g の上昇は乗数を低下させることになります。

　したがって，たとえ中央銀行によってハイパワード・マネーが増加されたとしても，一定の乗数倍のマネー・サプライが増えるとはいえないということです。

13　貨幣需要の理論

貨幣数量説

貨幣需要の理論は，経済学説史的には最初「貨幣数量説」という形で展開されましたが，現代マクロ理論においては，その後に登場したケインズ理論にもとづく理解が主流となっています。

まず最初に，貨幣数量説にもとづく貨幣需要の理論をフィッシャーの交換方程式とケンブリッジ現金残高方程式を中心にして整理しておきます。

フィッシャーの交換方程式　　一定期間における経済活動の取引総額は，実質取引数量を T，財・サービスの平均取引価格を P としますと，PT となります。取引に先立って存在していた貨幣量を M としますと，その貨幣で取引総額 PT を賄うのに $\frac{PT}{M}=V$ だけ貨幣が回転しなければなりません。この貨幣の回転を**貨幣の流通速度（V）**といいます。両辺に M をかけますと，$MV=PT$ という事後的な恒等式が成立します。この恒等式を**フィッシャーの交換方程式**といいます。

ここで V と T は一定と仮定されており，T は中間生産物を含めた大きさと考えられています。よって，フィッシャーの交換方程式での貨幣需要は取引額に比例すると考えられます。

ケンブリッジ現金残高方程式　　交換方程式で V が与えられているとき，M に等しい貨幣残高が存在することを示した方程式が**ケンブリッジ現金残高方程式**です。それは，

$$M = kPY$$

で示されます。つまり，この式は名目所得 PY の一定割合 (k) に相当する大きさだけ貨幣の形で保有されるという関係を示しています。このときに，

$$k = \frac{M}{PY}$$

つまり，貨幣量を名目所得で割った値 (k) を**マーシャルの k** といいます。

マーシャルの k　マーシャルの k は貨幣の流通速度 V の逆数になっていますが，名目国民所得と取引に必要な貨幣量との関係を表すという意味で重要な指標であるといえます。

　マーシャルの k が1を上回る場合には実体経済の必要を超えて貨幣が需要されていることを意味します。バブル期には各種の資産に対する投機にみられたような資産動機による貨幣需要が増大しましたが，この時期にはマーシャルの k は1を超えていました。

流動性選好理論

流動性選好　マクロ経済学において、貨幣需要の理論の中心となっているのがケインズの流動性選好理論です。**流動性**というのは、時間も費用もかけずに即時的にすべての財・サービスの購買に使用できるという貨幣の特殊な能力のことです。即時的購買力という点で，貨幣は流動性を100％有するものであるといえます。それゆえ、ケインズは貨幣需要を流動性選好とよびました。

貨幣需要の動機　ケインズは貨幣需要，すなわち流動性選好の動機を3つにわけています。
　(1)　**取引動機**……家計や企業が日常取引をまかなうために保有する貨幣を**取引動機にもとづく貨幣需要**といいます。
　(2)　**予備的動機**……日常の経済活動における不意の出来事や不測の事態に備

えるための貨幣需要を**予備的動機にもとづく貨幣需要**といいます。

この取引動機と予備的動機にもとづく貨幣需要は，日常的な経済取引が多くなるほど増大すると考えられます。そこで，この2つの動機による貨幣需要を**取引貨幣需要**として L_1 の記号で表しますと，所得 Y の増加関数として次のように定式化できます（図13-2（A）参照）。

$$L_1 = L_1(Y)$$

(3) **投機的動機**……これは債券市場において将来の予想から利益を得る目的で貨幣を需要することであり，**資産貨幣需要**とよばれます。この投機的動機にもとづく貨幣需要は，主に債券投資家による貨幣と債券の間の選択の問題として説明されます。

ここで，選択の対象となる債券は確定利付債券と考えることができますから，確定利子のもとでは，債券価格と利子率は反比例の関係となります。利子率が低下（債券価格上昇）するほど反騰（債券価格反落）の可能性が大きくなり，債券保有の危険が増すために，結果として投機的動機にもとづく貨幣需要は利子率の減少関数になると考えられます。そこで，この貨幣需要の大きさを L_2 とし利子率を i で示しますと，

$$L_2 = L_2(i)$$

で表すことができ，図13-1に示されるように，利子率に対し右下がりの曲線で描かれることになります。

流動性トラップ　　投機的貨幣需要に関して，利子率がある水準まで低下すると，市場に参加する人々がすべて，利子率は上昇し，債券価格は下落すると予想するようになる場合が生ずると考えられます。そこでは，すべての人々が弱気になりますので，市場参加者は債券を手離して貨幣を保有するようになります。そのために，この領域では，L_2 関数は図13-1に示されるように横軸に平行となります。これを**流動性トラップ**といいます。

図13-1 投機的動機による貨幣需要

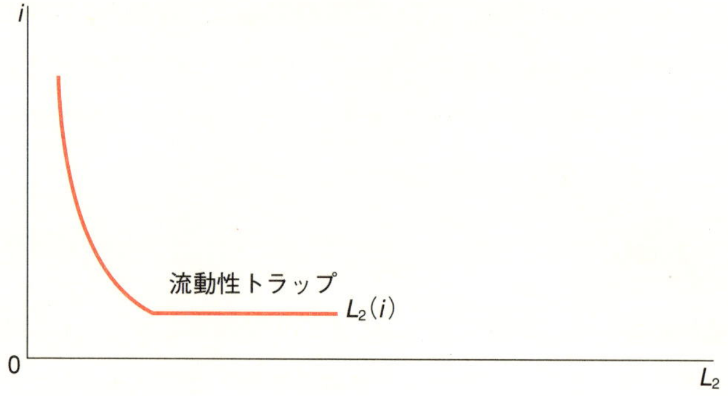

流動性トラップ

$L_2(i)$

社会全体の貨幣需要を L としますと,

$$L = L_1(Y) + L_2(i)$$

となり,この式を**流動性選好関数**といいます。

利子率決定論

貨幣供給と貨幣需要　貨幣市場における利子率の均衡水準は,実質貨幣供給量 $\dfrac{M}{P}$ と貨幣需要 L が等しくなる点で決定されることになります。このうち貨幣供給量は,マネー乗数アプローチにしたがって $\dfrac{M}{P} = \dfrac{g+1}{g+r} H$ の形で決定されます。ここで,物価一定の仮定のもとで貨幣乗数とハイパワード・マネーを与えられるものとしますと,$\dfrac{M}{P}$ は一定水準となります。

貨幣需要量 L は,取引貨幣需要 L_1 と投機的貨幣需要 L_2 の合計となりますので,$L = L_1(Y) + L_2(i)$ となります。

利子率決定　利子率は,貨幣市場における $\dfrac{M}{P}$ と L の均衡点で決定されます。この流動性選好による利子率決定のメカニズムは図13-2にもとづいて説明することができます。

図13-2(A)には所得 Y の関数としての取引貨幣需要 L_1 の大きさが示されて

図13-2 利子率決定のメカニズム

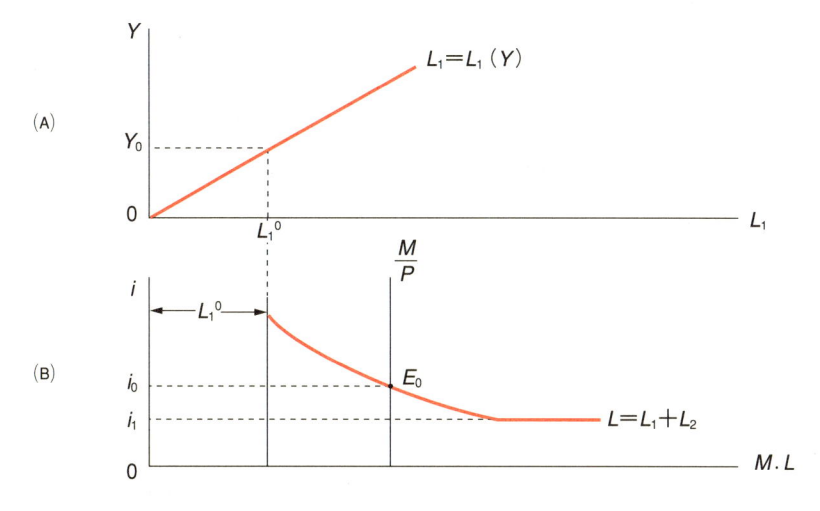

(A) 縦軸 Y、横軸 L_1、$L_1 = L_1(Y)$ の右上がり直線。Y_0 に対応して L_1^0。

(B) 縦軸 i、横軸 M, L。L_1^0 の幅、$\frac{M}{P}$ の垂直線、$L = L_1 + L_2$ の右下がり曲線、均衡点 E_0 で利子率 i_0、i_1。

います。この図から国民所得が Y_0 のとき，L_1^0 の取引貨幣需要が生じています。この L_1^0 を図13-2(B)に転記しますと，L_1^0 の幅の垂直線で表すことになります。

次に，図13-2(B)の L_1^0 の水準を原点とみなして，その右に L_2 の大きさを表す右下がりの曲線を描きますと，結果としてこの右下がり曲線が取引貨幣需要と投機的貨幣需要を合わせた貨幣需要曲線となります。

この図において，貨幣の需要と供給がバランス（均衡）するのは E_0 点です。したがって，均衡利子率が i_0 に決定されることになります。

利子率変化の可能性　この利子率決定論から，次のことが明らかになります。

① 国民所得 Y の増大は L_1 の増大をもたらして垂直線で示される L_1，ひいては L を右に動かしますから，均衡利子率を上昇させることになります。

② 金融緩和政策によるハイパワード・マネーの増加（ΔH）は貨幣乗数を

介して実質マネー・サプライを増加させます。このことは図13-2(B)の $\frac{M}{P}$ の線を右にシフトさせます。その結果として，均衡利子率は低下することになります。

③　図の利子率 i_1 の水準のように，貨幣市場が流動性トラップに陥っている場合には，たとえ金融政策による貨幣供給量の増加があったとしても，利子率は変化しないことになります。

第4部　GDPと利子率

14　IS−LM 分析

これまで，財市場において総需要 (D) と総供給 (Y) の均衡，あるいは貯蓄 (S) と投資 (I) の均衡から国民所得水準が決定され，貨幣市場では貨幣供給 (M) と貨幣需要 (L) の均衡から利子率が決定されることをみてきました。これまでは，財市場と貨幣市場を別々に展開してきましたが，実際には，国民所得の水準は利子率の変化に大きな影響を受けますし，利子率の水準も国民所得の変動によって変化します。つまり，実際には財市場と貨幣市場は相互依存関係にあるといえます。そこで，マクロ経済における所得決定と利子率決定は1つのフレームワークのなかで説明する必要があります。それが IS−LM 分析です。

IS 曲 線

IS−LM 分析のために使われる分析ツールの1つが IS 曲線です。これは，国民所得決定論に基づいて，財市場における均衡国民所得と利子率変化の関係を表すものです。IS 曲線は次のようにして導くことができます。

財市場と IS 曲線　　まず，IS 曲線を導出する場合のポイントは，投資が利子率によって影響されるということを確認しておくことです。ケインズの投資決定論で示しましたように，民間投資は利子率が低下すると増加し，利子率が上昇すると減少すると考えられます。

　図14−1の (A) には，海外取引を捨象した閉鎖経済における総需要と総供給の均衡による国民所得の決定が示されています。ここでは，総需要 D が，

$$D = C + I(i) + G$$

と示されます。この式では投資が利子率の関数であることが明示されていま

図14-1 財市場と IS 曲線

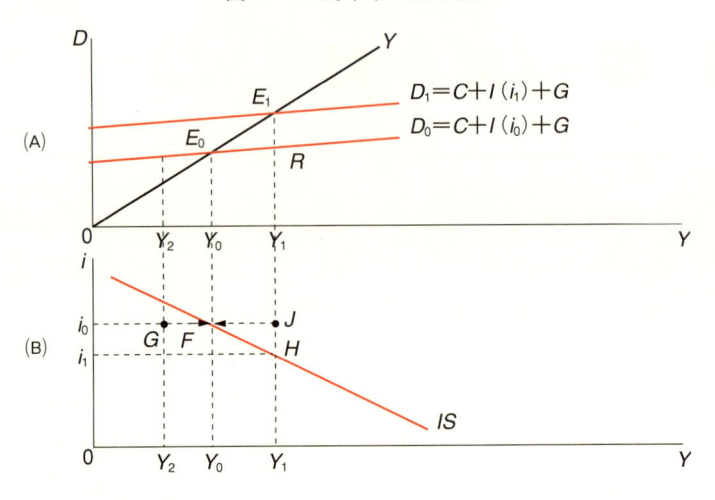

す。そこで，総需要が D_0 の水準に与えられますと，均衡点 E_0 に対応して均衡国民所得が Y_0 に決定されます。次に，利子率が i_0 から i_1 に低下しますと，投資が $I(i_0)$ から $I(i_1)$ に増加することになります。投資の増加に応じて総需要線が D_0 から D_1 へと上方にシフトすることになります。その結果，均衡点が E_0 から E_1 へと移りますので，国民所得は Y_0 から Y_1 へと増加することになります。ここから，財市場においては，利子率の低下が国民所得を増加させることがわかります。

そこで，横軸に国民所得をとり縦軸に利子率をとった図14-1 (B) にこの所得と利子率の関係を描きますと右下がりの曲線が得られます。これが **IS 曲線** です。図からもわかりますように，IS 曲線は国民所得 Y と利子率 i の組み合わせを表す線ですが，ここで重要なことは，IS 曲線上のそれぞれの組み合わせ，例えば $F(Y_0, i_0)$ および $H(Y_1, i_1)$ は，それぞれ (A) の E_0 と E_1 に対応していますので，財市場の均衡条件を満たしているということです。したがって，そこにおける国民所得 Y_0，Y_1 は均衡国民所得です。

財市場の不均衡と IS 曲線　　次に，財市場において総需要と総供給が不一致だった場合に IS 曲線の局面ではどうなっているかをみてみましょう。国民所得の決定は，図14-1 (A) に示されていますので，不均衡の問題もここで考えることができます。その場合，これまでの財市場における国民所得決定の場面では利子率は一定と仮定されていますので，総需要と総供給の不一致によって生産水準が変化したとしても，利子率は出発点における i_0 の水準で変化しないという点に注意しておくことが必要です。

そこで，いま図14-1 (A) において総需要が D_0 の水準にあるとき，総供給が Y_1 の場合に何が生じるかを考えてみます。Y_1 の水準では総需要は R 点の高さにありますが，総供給は E_1 の水準にあります。したがって，ここでは $Y>D$ となっています。この場合には，供給が需要を上回っているので，企業は売れ残りによる意図せざる在庫の増加を抱え込むことになるために生産を減少せざるを得ません。ゆえに，所得水準は Y_1 から Y と D の均衡点 E_0，すなわち均衡所得水準 Y_0 に向かって低下することになります。

このことを図14-1 (B) の IS 曲線でみますと，図14-1 (A) に対応する利子率 i_0 と所得 Y_1 の組み合わせの点は J となります。この点 J は IS 曲線上を外れていますが，このとき財市場では $Y>D$ となっているために，国民所得は一定の利子率のもとで均衡点 E_0 に向かって減少することになります。したがって，図14-1 (B) の IS 曲線の場面では，不均衡の調整は→で示されるように J から F に向かってなされることになります。

図14-1 (A) において，総需要が D_0 の水準のもとで，総供給が Y_2 の場合の不均衡の調整については，Y_1 のケースと逆に $Y<D$ となりますので，国民所得が増加する方向で調整がなされることになります。図14-1 (B) では，経済が G にあることになりますので，この G から F に向かって所得が増加することになります。

IS 曲線のシフト　　次に，IS 曲線そのものがシフトする場合について考えることにします。IS 曲線における所得と利子率との関係は，利子率が低下する

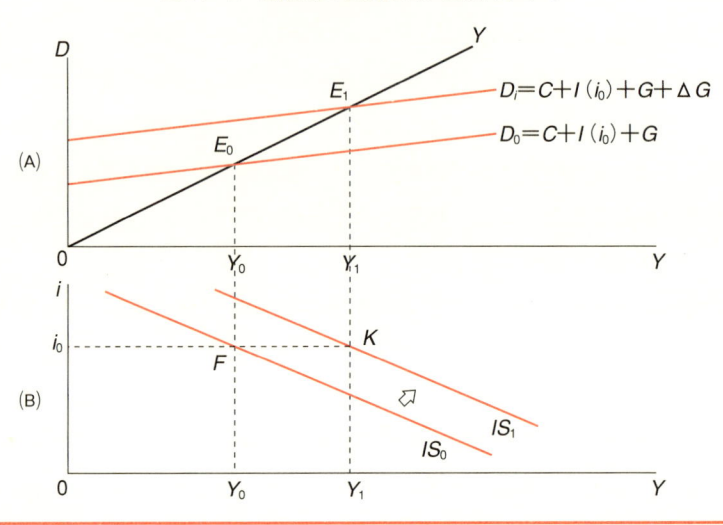

図14-2 総需要の変化と IS 曲線のシフト

(A) のグラフ：縦軸 D、横軸 Y。45度線 Y 上に均衡点 E_0, E_1。総需要線 $D_0 = C + I(i_0) + G$ と $D_1 = C + I(i_0) + G + \Delta G$。

(B) のグラフ：縦軸 i、横軸 Y。IS_0 と IS_1 曲線、点 F（Y_0, i_0）、点 K（Y_1, i_0）。

と所得が増加するというものですが、利子率の変化以外にも何かの理由で総需要が増加しますと所得は増加しますし、総需要が減少しますと所得も減少します。この場合の総需要の変化による所得の変化を表す場合には、IS 曲線のシフトによってそれを表現することができます。

これについても、財市場における所得決定の図と IS 曲線の図を組み合わせることによって容易に理解することができます。いま、図14-2 (A) には財市場における所得決定が示されています。ここで、総需要が D_0 に与えられますと、均衡国民所得は Y_0 に決定されることになります。次に、例えば政府支出が ΔG だけ増加されたとしますと、それに応じて総需要線が D_1 へとシフトします。その結果、国民所得は Y_0 から Y_1 へと増加します。ただし、ここでは、利子率は i_0 のままで変化しませんので、投資の水準には変化がありません。

この関係を図14-2 (B) の IS 曲線の場面でみますと、利子率が i_0 のままで、所得水準だけが Y_0 から Y_1 に増加することになりますので、それを表現するためには、IS 曲線を (Y_0, i_0) の組み合わせ（点 F）の位置から (Y_1, i_0) の

組み合わせ（点k）の位置まで平行移動させることになります。これがIS曲線のシフトです。つまり，利子率以外の何らかの要因によって総需要が総供給を上回る場合には，IS曲線は右上方にシフトし，国民所得は増加することになります。また，総供給が総需要を上回る場合には，IS曲線が左下方にシフトし，国民所得は低下することになります。

LM 曲 線

次に，貨幣市場における利子率決定論に基づいて，国民所得が変化した場合に利子率がどのように変化するかを表すLM曲線を導出します。

貨幣市場とLM曲線　LM曲線は，貨幣市場において国民所得が増加すると利子率が上昇するという関係を表す曲線ですが，それは貨幣市場における貨幣供給と貨幣需要による利子率決定をもとにして導くことができます。そこでのポイントは，国民所得の増加は取引貨幣需要の増加を通じて利子率を上昇させるということです。

まず，貨幣市場においては実質貨幣供給量$\frac{M}{P}$と貨幣需要量Lが均衡するところで利子率が決定されます。このうち，貨幣供給量はハイパワード・マネーに貨幣乗数を掛けた大きさによって決定されますが，貨幣当局の政策に変化がないとすると，貨幣供給量も一定と仮定されます。これは，図14－3（A）において$\left(\frac{M_0}{P}\right)$の垂直な線で示されます。

一方，貨幣需要は，所得の関数である取引貨幣需要$L_1(Y)$と利子率の減少関数である投機的貨幣需要$L_2(i)$からなります。まず所得がY_0に決まりますと，図14－3（A）に示されるように，L_1は$L_1(Y_0)$の水準に決まります。次に，その$L_1(Y_0)$のところからL_2の大きさを表す右下がりの曲線を描くことによって，貨幣需要曲線Lが得られます。このMとLの交点E_0のところで均衡利子率i_0が決定されます。

ここで，国民所得がY_0からY_1に増加した場合を考えます。所得の増加は取引貨幣需要を$L_1(Y_0)$から$L_1(Y_1)$へと増加させます。このことは，結果として図14

図14-3 貨幣市場と LM 曲線

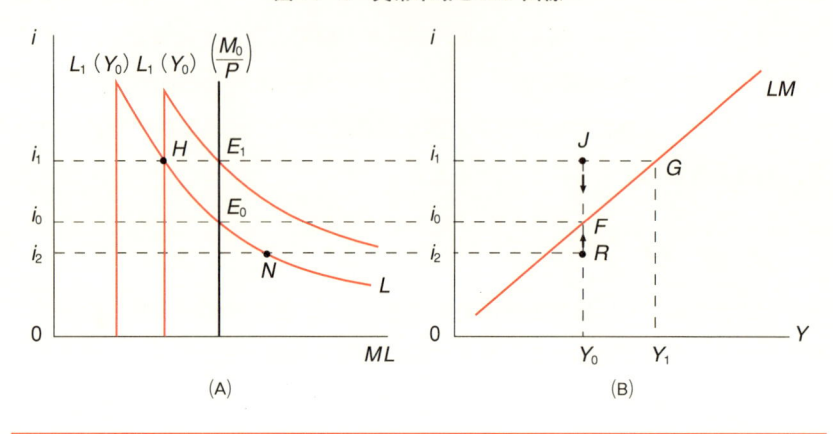

-3(A) に示されるように，貨幣需要曲線全体を右方へ平行移動させることになります。その結果，M と L の均衡点は E_0 から E_1 に移りますので，均衡利子率は i_0 から i_1 に上昇することになります。ここから，国民所得の増加は利子率の上昇を生み出すことがわかります。

そこで，横軸に国民所得をとり，縦軸に利子率をとった図14-3(B) にこの所得と利子率の関係を描きますと，右上がりの曲線が得られます。これが **LM 曲線**です。ここで重要なことは，左の図14-3(A) と対応させればすぐにわかりますように，LM 曲線上の点 F および点 G は，(A) の E_0 と E_1 に対応しており，貨幣市場の均衡条件 $M=L$ が満たされていますので，そこにおける利子率 i_0, i_1 は均衡利子率であるということです。

貨幣市場の不均衡と LM 曲線　　次に，貨幣市場において貨幣の需要と供給が不一致だった場合に，LM 曲線の局面では所得と利子率の組み合わせはどうなっているかをみることにします。

まず，貨幣市場が示されている図14-3(A) での不均衡をみてみます。その場合，13章で示したように，貨幣市場における利子率決定の場面では，所得水準は一定であると仮定されていますので，貨幣の需給不一致によって利子率が

変化しても所得水準 Y_0 は変化しないということに注意が必要です。そこで，図14-3 (A) において，利子率が i_1 の水準では L_1+L_2 の貨幣需要全体の大きさは H 点であり，貨幣供給量は $\left(\dfrac{M_0}{P}\right)$ ですから，$M>L$ となり，需給は不一致になっています。貨幣供給が貨幣需要を上回る場合には利子率は，需給が一致する i_0 の水準まで低下することになります。逆に，需要が供給を上回る場合には，利子率は上昇することになります。

この i_1 のところでの不均衡の状態を図14-3 (B) の LM 曲線でみますと，所得 Y_0 と利子率 i_1 の組み合わせは J 点となります。ここでも J 点は LM 曲線上を外れていますから，貨幣市場が不均衡であることがわかります。これは，図14-3 (A) の H 点に対応しています。そこで，矢印によって示されるように，所得 Y_0 のもとで利子率が i_0 に向かって低下する方向での調整が行われます。逆に，図14-3 (A) で利子率が i_2 のように均衡利子率より低い水準での不均衡の場合には，貨幣需要 (点N) が貨幣供給を上回っていますので，利子率は上昇することになります。これは図14-3 (B) では，R 点で表されています。したがって，矢印は上方への調整を示しています。

LM 曲線のシフト　　次に LM 曲線のシフトをみていきます。LM 曲線は国民所得の増加が利子率の上昇を引き起こすという関係を表すものですが，利子率の変化は国民所得以外の要因の変化によっても生じます。その場合には，LM 曲線のシフトによって表されます。いま，貨幣市場が図14-4 (A) の E_0 点で均衡し，利子率が i_0 に決まっているとします。ここで，例えば金融緩和政策により名目貨幣供給量が M_0 から M_1 に増加したとします。貨幣供給量は (M_0/P) から (M_1/P) へと増加します。ただし，貨幣需要曲線に変化はありませんので，均衡点は E_0 から E_2 に移ります。その結果，均衡利子率の水準は i_0 から i_2 へと低下することになります。

この結果を図14-4 (B) の LM 曲線でみますと，国民所得が Y_0 のままで利子率だけが i_2 に低下することになりますので，LM 曲線が (Y_0, i_2) の組み合わせの位置まで右下方にシフトすることになります。つまり，所得変化以外の要

図14-4　貨幣供給量の変化と *LM* 曲線のシフト

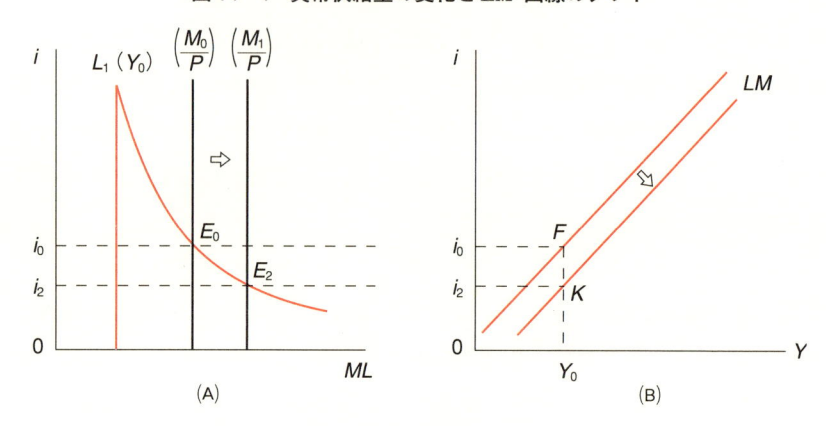

表14-1　与件の変化と *IS-LM* 曲線のシフト

与件の変化	*IS* 曲線			*LM* 曲線		
	投資意欲の増大（需要増加）	消費意欲の減退（需要減少）	財政支出の増大（需要増加）	名目貨幣供給増加（供給増加）	流動性選好強化（需要増加）	物価水準低下（供給増加）
曲線のシフトの方向	右方	左方	右方	右方	左方	右方
国民所得（*Y*）	増加	減少	増加	増加	減少	増加
利子率（*i*）	上昇	低下	上昇	低下	上昇	低下

因によって貨幣供給が貨幣需要を上回る場合には，*LM* 曲線が右下方にシフトし，利子率が低下することになります。逆に貨幣需要が貨幣供給を上回る場合には，*LM* 曲線が左上方にシフトし，利子率が上昇することになります。

　IS 曲線・*LM* 曲線のシフトとその要因の関係については，表14-1のように整理しておくことができます。

財市場と貨幣市場の同時均衡

国民所得と利子率の同時決定　　財市場の均衡を示す *IS* 曲線と貨幣市場の均衡を示す *LM* 曲線を1つの図に描きますと，図14-5に示されるように交点を

図14-5 財市場と貨幣市場の同時均衡

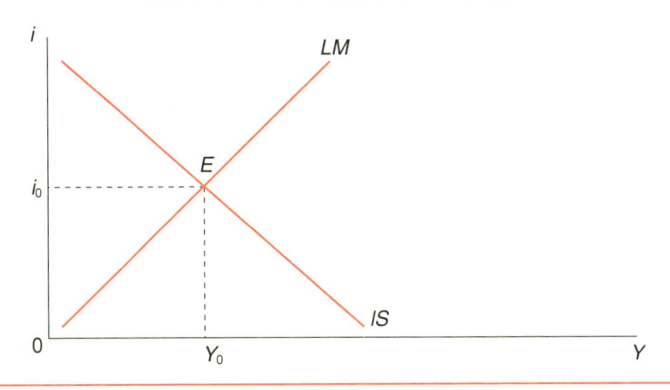

もつことになります。この交点Eは，IS 曲線上の点であると同時にLM 曲線上の点でもありますから，この点で**財市場と貨幣市場の同時均衡**が成立することになります。

ここで，均衡国民所得Y_0と均衡利子率i_0が同時決定されることになります。このことは，それぞれ所得と利子率を決定する次の2式，

$$Y = C + I + G \quad \cdots\cdots ①$$
$$\frac{M}{P} = L_1(Y) + L_2(i) \quad \cdots\cdots ②$$

を別々の次元で取り扱うのではなく，1つのフレームワークのなかに入れることによってYとiを同時決定するということを意味しています。これによって，財市場と貨幣市場の相互作用を説明することが可能となります。

***IS-LM* モデルの均衡解**　次に，*IS-LM* モデルの各関数に具体的な数値を入れることによって，均衡国民所得と均衡利子率の値を導いてみましょう。ここでは，政府を捨象して総需要が消費と投資からなる単純な経済を想定しておきます。

まず，財市場の均衡条件は，$Y=D$，あるいは$S=I$となりますので，いま貯蓄関数を$S=-40+0.4Y$，投資関数を$I=50-6i$としますと，

$$-40+0.4Y=50-6i$$

となり，これを整理しますと，

$$i=15-\frac{1}{15}Y$$

となります。これが S と I を等しくする所得と利子率の組み合わせを示す IS 曲線です。

次に，実質貨幣供給量 $\frac{M}{P}=180$，貨幣需要関数 $L=\frac{1}{3}Y+(170-8i)$ としますと，貨幣市場の均衡条件 $\frac{M}{P}=L$ より，

$$180=\frac{1}{3}Y+(170-8i)$$

となり，これを整理しますと，

$$i=\frac{1}{24}Y-\frac{5}{4}$$

となります。これが LM 曲線です。

IS 曲線と LM 曲線が交わるところで均衡所得と均衡利子率が決まりますので，

$$15-\frac{1}{15}Y=\frac{1}{24}Y-\frac{5}{4}$$

となります。ここから，均衡所得 $Y=150$ と，均衡利子率 $i=5\%$ が得られます。これが **IS-LM モデルの均衡解**です。

均衡に至る調整過程

次に，経済が IS-LM 曲線の交点以外にある場合に，どのようなことが起こるかを考えてみます。現実の経済では，財市場も貨幣市場もしばしば不均衡の状態にありますので，IS-LM 曲線においても不均衡は現実的な状況であるといえます。

不均衡状態　　IS-LM 曲線における不均衡状態は，財市場と貨幣市場のそれぞれの不均衡に応じて図14-6に示されるような4つの領域に分けることができます。

まず，財市場については，IS 曲線の左方に位置するⅡおよびⅢの領域では，総需要が総供給を上回るために，超過需要の状態にあります。したがっ

図14-6 不均衡状態と調整過程

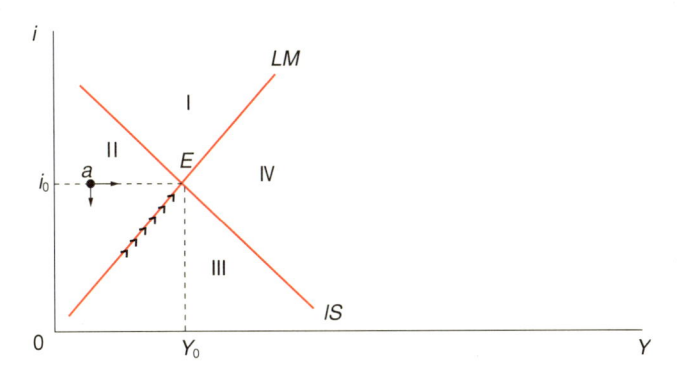

て、これらの領域では企業は意図せざる在庫の減少に直面し、生産を拡大するために、国民所得 Y は増加することになります。

一方、IS 曲線の右方であるⅠおよびⅣの領域では、総供給が総需要を上回り超過供給の状態にあるために、生産が減少し、国民所得は低下することになります。いずれにしても、IS 曲線上を外れて不均衡になる場合には、生産量の調整によって所得が変化し、再び IS 曲線上に戻ると考えられます。

次に、貨幣市場の均衡を示す、LM 曲線につきましては、LM 曲線の左方に位置するⅠおよびⅡの領域では、貨幣供給が貨幣需要を上回る超過供給の状態にあります。したがって、貨幣市場では利子率が低下し、やがて LM 曲線上で均衡が成立することになります。

一方、LM 曲線の右方であるⅢおよびⅣの領域では、貨幣は超過需要の状態にあります。この場合、人々は債券を売却することによって超過需要の部分を満たそうとしますので、債券価格が低下し、利子率は上昇することになります。この動きは、貨幣の需給が均衡するまで続き、LM 曲線上に至って均衡が成立することになります。

以上のような財市場と貨幣市場の不均衡と所得および利子率の変化は表14-2のようにまとめることができます。

表14-2 不均衡と所得・利子率の変化

領 域	財　市　場		貨　幣　市　場	
	不　均　衡	所得変化	不　均　衡	利子率変化
I	超過供給	減　少	超過供給	低　下
II	超過需要	増　加	超過供給	低　下
III	超過需要	増　加	超過需要	上　昇
IV	超過供給	減　少	超過需要	上　昇

調整過程　　次に，不均衡の調整についてみていきます。いま，経済が図14-6のIIのa点にあるとしましょう。この場合には，財市場では超過需要の状態にありますので，国民所得は IS 曲線に向かって増加することになります。これは右向きの矢印で示されます。一方，貨幣市場は超過供給の状態にありますので，利子率は低下することになります。これは下向きの矢印で示されます。その結果，不均衡の調整はこの2つの矢印の合成された方向に進み，しだいに均衡点Eに近づくと考えられます。

ただし，財市場と貨幣市場では調整のスピードが異なります。一般に，財市場に比べて貨幣市場の方がすばやく調整が行われるとみられています。なぜなら，貨幣需給の調整は債券市場における債券の売買を通じてなされるので，利子率はすぐに変化するからです。

そこで，貨幣市場はただちに均衡し，LM 曲線上に戻ることができると考えられます。これに対し，財市場では企業が生産量を調整するのに時間がかかるために，貨幣市場に比べて調整速度が遅くなります。

そこで，IIのa点のような不均衡状態から出発した場合には，まず利子率が変化して LM 曲線上に移り，その後で均衡点Eに向かって財市場の調整が生じると考えられます。

図 14-7 投資の利子非弾力性

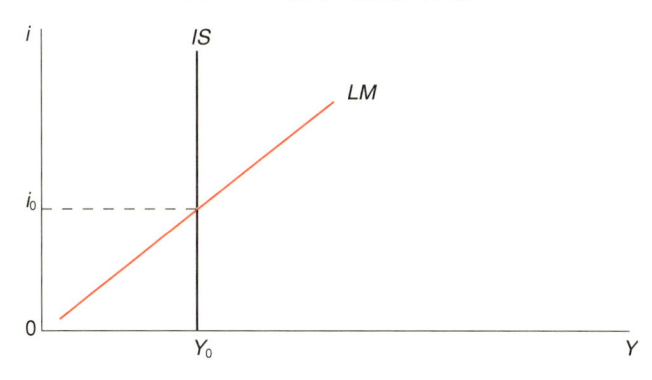

IS-LM 曲線の特殊なケース

投資の利子非弾力性　特殊なケースの1つは，図14-7に示されるように，IS 曲線が垂直になる場合です。これは，投資が利子率の変化に反応しない場合に生じます。

すでに示しましたように，投資は利子率の関数として，$I=I(i)$ と定式化されます。通常，利子率が低下すると投資は増加すると考えられます。しかし，企業の投資は必ずしも利子率に敏感に反応しません。例えば，企業の手持ちの資金が豊富な場合には，利子率の変化に影響を受けずに投資を行う傾向があります。また，企業家が将来の成長を低く見積る場合にも投資は利子率の変化に反応しなくなります。これを**投資の利子非弾力性**といいます。

流動性トラップ　資産貨幣需要関数 $L_2=L_2(i)$ が流動性トラップに陥っている場合には，L_2曲線が横軸に水平になりますので，図14-8に示されるように，LM 曲線が水平になります。この場合には，たとえ貨幣供給量が増加したとしても，貨幣は不活動貨幣として退蔵されてしまうことになります。

図14-8 流動性トラップ

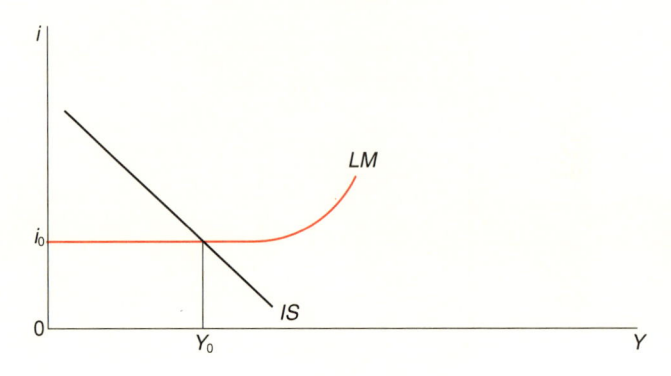

[図: 縦軸 i、横軸 Y。右下がりのIS曲線と、i_0で水平になり右側で上昇するLM曲線。交点でY_0、i_0。]

図14-9 貨幣需要の利子非弾力性

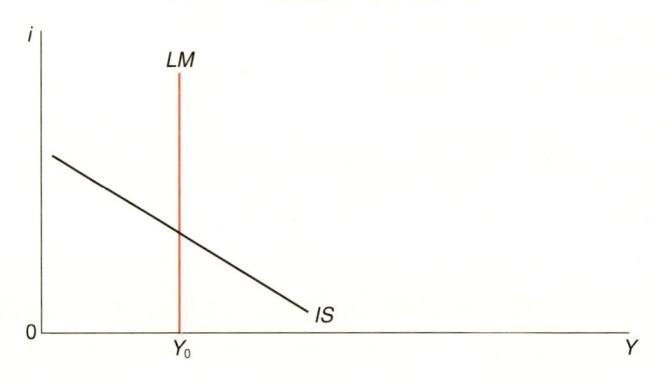

[図: 縦軸 i、横軸 Y。右下がりのIS曲線と、Y_0で垂直なLM曲線。]

貨幣需要の利子非弾力性　　貨幣数量説のような古典派の貨幣需要の理論では，貨幣需要はL_1しかありませんので，所得のみに依存し，利子率には関わりをもちません。

　このように，貨幣需要が利子率に影響されず所得のみに応じて決まる場合には，LM曲線は図14-9に示されるように，所得水準に応じて垂直になります。

15 財政政策の効果

これまで，IS-LM 分析によって財市場と貨幣市場が同時均衡し，均衡所得と均衡利子率が同時決定されるということをみてきました。ところで，たとえこの2つの市場が均衡したとしても，労働市場が均衡し，完全雇用が実現されるとはかぎりません。もし均衡所得水準が完全雇用国民所得の水準を下回る場合には，経済は失業者を抱えたまま均衡していることになります。

このような場合には，IS 曲線か LM 曲線をシフトさせることによって，均衡所得水準を引き上げる必要があります。以下に述べるように，IS-LM 曲線のシフトは，財政・金融政策を通じて行われることになります。ここでは，財政政策の効果をみていくことにします。

財政政策の効果

財政政策の手段としては，政府支出のコントロールと減税ないしは増税という課税率の変更があります。ここでは，その代表的な政策として政府支出の増大を取り上げます。

クラウディング・アウト効果　図15-1に示されるように，いま，経済が IS_0 と LM の交点 E_0 で均衡し，均衡所得が Y_0，均衡利子率が i_0 に決まっているとします。ここで，財政政策により政府支出が ΔG だけ増加したとします。利子率に変化がないとすれば，政府支出の増加は乗数効果を通じて総需要を増大させ，国民所得を高めることになります。図のうえでは，IS 曲線の IS_0 から IS_1 へのシフトによる国民所得の Y_0 から Y_2 への増加として表すことができます。

しかしながら，政府支出の増大により IS 曲線が IS_1 にシフトすると，LM 曲線との交点が E_0 から E_1 に移るために，新たな均衡所得水準は Y_2 ではなく Y_1 と

図15-1 財政政策の効果

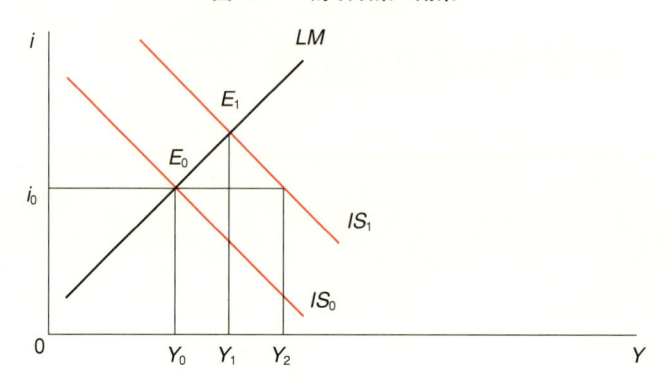

なります。それは，国債が発行されると，市中の資金が国債の購入にあてられるために，市中の資金が不足して利子率を上昇させる方向で作用するだけでなく，総需要の増大による国民所得の増加が取引貨幣需要関数 $L_1=L_1(Y)$ を通じて貨幣需要を高め，利子率を上昇させるために，民間投資の一部が実行困難となって，乗数効果が減殺されるからです。このように，財政支出の拡大による利子率の上昇のために民間投資の一部が抑制される現象を**クラウディング・アウト効果**とよんでいます。

なお，クラウディング・アウト効果の問題は，政府支出増大のための資金調達の方法と関連しています。政府が税収を上回って支出を拡大しようとするとき，国債の市中消化によってまかなう場合には貨幣量が変化しないために，利子率の上昇を招くことになり，投資の一部がクラウド・アウトされることになります。この場合，政府支出の増大による IS 曲線の右方シフトとともに，貨幣供給量の増加によって LM 曲線が右方にシフトすれば，利子率を上昇させずにすみますので，結果としてクラウディング・アウト効果を回避することが可能になります。

図15-2 財政政策が無効のケース

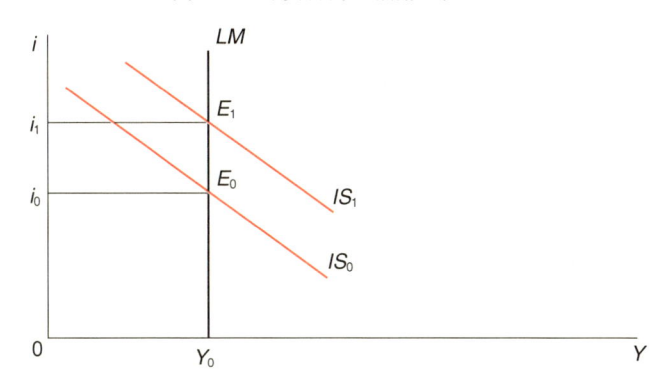

貨幣需要の利子非弾力性　財政政策による政府支出の増加が国民所得の水準に影響を与えることができないという意味で政策効果が無効となるケースを考えることができます。これが**貨幣需要の利子非弾力性**です。

　これは、貨幣需要が所得の関数のみと考えられるケースであり、ケインズ以前の古典派の世界がこれにあたります。そこでは、貨幣需要は所得のみに依存しますので、図15-2のように LM 曲線が垂直となります。

　この場合には、政府支出の拡大によって IS 曲線が右上方にシフトしても、IS–LM 曲線の交点は E_0 から E_1 に移りますが、利子率が上昇するだけで国民所得の水準は変わりません。したがって、財政政策は無効となります。この場合に国民所得を増やすには、金融政策により貨幣量を増加させ、LM 曲線を右方にシフトさせることが必要です。

政府支出増大の長期的効果　国債発行による政府支出が国民所得に与える効果については、クラウディング・アウト効果の発生する可能性を考えることができますが、国債発行に伴う長期的な効果についてもみておく必要があります。その1つが、**公債の富効果**です。政府が財政支出の財源をまかなうために国債を市中消化しますと、その国債は人々に資産として保有されます。そこ

で，長期的にはこの資産の増加が人々の支出を刺激し，消費や投資を増加させることになると考えられます。国債のような公債残高の増加が支出を刺激する効果のことを公債の富効果といいます。これが生じると IS 曲線は右上方にシフトし，国民所得をより増加させることになります。

一方，資産の増加はそれに見合う貨幣需要を増加させる効果をもつと考えられます。これは，LM 曲線の左上方シフトをもたらすことになります。これが生じますと，貨幣市場で利子率を上昇させることになりますので，民間投資を抑制し，国民所得を減少させる方向で作用することになります。

結果として，長期的な観点から，国民所得が増加するかどうかは IS 曲線と LM 曲線のシフトの大きさによることになります。IS 曲線のシフトの幅が大きい場合には国民所得は増加しますが，逆の場合は減少することになります。

財政政策の有効性

公共投資の有効性　一般に，景気対策として公共投資が行われる場合，そこには政府支出の増大が乗数効果を通じて国民所得の増加をもたらすというルートが想定されています。したがって，公共投資の効果は乗数の大きさに依存します。

わが国においても，バブル崩壊後の1990年代を通じて平成不況に対処するために政府による大型の公共投資が行われました。しかし，景気の拡大がみられなかったために，財政政策は効果がないのではないかということが問題となりました。そこで指摘されたことは，乗数効果が低下したのではないかということです。

海外取引を含むマクロ経済モデルでは，乗数は（1−限界消費性向＋限界輸入性向）の逆数倍となりますので，限界消費性向が低下するか，限界輸入性向が上昇すると，乗数は低下することになります。このうち，所得の増加に対する輸入増加の割合を表す限界輸入性向の動きについては，次のように変形することによってその要因を分析することができます。

$$\frac{\Delta M}{\Delta Y} = \frac{M}{Y}\left(\frac{\Delta M}{\Delta Y} \cdot \frac{Y}{M}\right)$$

ここで，$\frac{M}{Y}$ は生産物の国内出荷（Y）に対する輸入（M）の大きさを表しており，**輸入浸透度**とよばれます。

この輸入浸透度は円高，輸入規制の緩和を背景として上昇の傾向にあるといえます。一方，$\frac{\Delta M}{\Delta Y} \cdot \frac{Y}{M}$ は，**輸入の所得弾力性**を表しています。これは，国内の所得増加が輸入をどのくらい増加させるかを表すものですが，これも高まる傾向にあるといえます。したがって，限界輸入性向は上昇傾向にあるといえます。このことは，政府支出増大による国内需要の増加の一部が海外に漏れるということであり，乗数効果はそれだけ小さくなるといえます。限界消費性向の変化については低下したという検証は得られていません。

乗数効果が低下する可能性としては，理論的なものとして上記以外に，①国債発行による資金調達が市場金利の上昇を通じて民間投資を抑制するという，クラウディング・アウト効果，②変動相場制のもとで，政府支出増大による景気浮揚が円高をもたらし，それが輸出を抑制するという，マンデル・フレミング効果，③個人が合理的に行動する場合には，国債発行によって政府支出を拡大しても，国債発行による財政赤字から将来増税になると考え，増税に備えて消費支出を増やそうとしないために乗数効果は期待できないというリカードの等価定理，などがあります。

財政赤字と金利　　すでに述べましたように，政府支出の拡大のために大量の国債が発行されますと，利子率の上昇を通じて民間投資を抑制するというクラウディング・アウト効果が生じる可能性があります。これは，過剰貯蓄の存在するわが国では大きな問題となっていませんが，1996年の『財政構造白書』にあるように，IMFレポートが，先進諸国の債務残高と実質金利の間には強い相関関係があり，実質金利の上昇は世界的な投資支出の減少をもたらし，成長を緩やかなものにしてしまうと指摘しています。

なお，財政赤字と金利の関係につきましては，バブル崩壊後のわが国の財政

図15-3 家計貯蓄・財政赤字のバランスと金利の関係

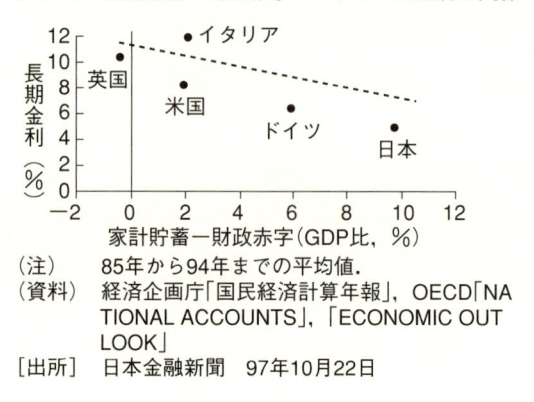

縦軸：長期金利(％)　横軸：家計貯蓄－財政赤字(GDP比，％)

プロット：英国、イタリア、米国、ドイツ、日本

(注)　85年から94年までの平均値．
(資料)　経済企画庁「国民経済計算年報」，OECD「NATIONAL ACCOUNTS」，「ECONOMIC OUTLOOK」
[出所]　日本金融新聞　97年10月22日

赤字と金利の関係にみられるように，必ずしも財政赤字の拡大期に金利が上昇するとは限りません。わが国では，バブル崩壊後は景気の落ち込みから税収が大幅に落ち込むとともに，景気対策の一環として公共事業が拡大されたために，財政状況は急速に悪化しました。しかし，一方で公定歩合の相次ぐ引下げによって金利が低下傾向をたどったために，財政赤字の拡大期に金利が低下することになりました。財政赤字が金利上昇を生み出さなかったのは，財政赤字に伴う国債の発行が家計の潤沢な資金供給によって吸収され，そのために金利上昇圧力が緩和されたためであると考えられます。

　ここからいえることは，財政赤字と金利の関係は貯蓄と財政赤字の相対的なバランスによるということです。つまり，たとえ大幅な財政赤字に伴って国債が発行されても，家計などの資金供給が潤沢であれば金利は上昇しにくく，逆に財政赤字が小幅であっても貯蓄が少なければ金利は上昇しやすいということです。図15-3に示されるように家計貯蓄から財政赤字を差し引いた値と金利の間の関係を先進主要国の間で比較してみると，家計貯蓄が財政赤字を大幅に上回っている国ほど金利が低いことがわかります。ゆえに，わが国においても，財政赤字の拡大にもかかわらず金利が上昇しなかったのは，潤沢な貯蓄という一種のバッファーが存在していたからということができます。

財政政策のタイム・ラグ　景気安定化策としての財政政策の有効性を考えるうえで，乗数値と同様に重要なのが政策発動のタイミングです。タイミング次第では，政策効果は倍増も半減もするために，それは財政政策の有効性を左右する重要な要因となります。実際，財政政策にはさまざまなラグ（遅れ）が存在するために，それが政策効果に大きな影響を及ぼします。

　景気対策として財政政策が行われる場合，政策当局が景気の変動を認識し，それに対する政策を立案，決定して実施し，それが実際に効果を表すまでにかなりの時間（ラグ）がかかります。通常，これが長いほど政策の有効性は弱められると考えられます。

　第1は，**認知ラグ**と**決定ラグ**です。景気局面と政策決定のタイミングをみますと，景気対策は景気の山を過ぎた直後に発動されることは少なく，景気の谷に近づいた時点か谷をやや過ぎた時点で発動されるケースが多くなっています。したがって，景気後退に対する認識や対策の決定は，景気が後退局面に入ってからかなり時間が経過し，経済情勢が厳しくならないとなされないという点で，そこにはラグが存在することになります。

　第2は，**実行のラグ**です。政策を立案し，予算措置を講じ，それを実行に移すまでに時間がかかります。例えば，政策決定から補正予算成立までの日数をみますと，平均約65日かかっています。また，政策に計上される公共事業のうち，相当部分は地方公共団体が実施主体となっており，地方議会の審議も経なければならないことから，それを含めて考えますと，財政政策の策定からそれにかかわる予算の執行が可能になるまでには，かなりの時間を要するといえます。

　第3は，**効果のラグ**です。これは，政策を発動した後，それが効果を発揮し出すまでの時間の遅れです。公共投資が行われても，それが国内総生産に影響を与えるまでにはかなり時間がかかります。これは，その時々における経済主体の行動様式や，マクロ経済構造の状態によっても異なりますので，常に一定とはいえませんが，政府支出が拡大され，それが乗数効果を通じて国民所得に影響を及ぼすまでにはある程度の時間の経過が必要とされます。こうしたラグ

の存在は、政策効果を半減するだけでなく、景気の振幅をより大きなものにしてしまうおそれがあるために、ケインジアン的な政府による裁量的な政策運営は有効でないというマネタリストからの批判もあります。

財政赤字の問題点

これまで、景気対策の手段としては主に国債発行による政府支出の拡大についてみてきましたが、国債発行による財政赤字の拡大そのものについても、いくつかの問題が指摘されています。

財政の硬直化　　財政赤字の累増は、国債の償還および利払い費の増大という国債費の増加を招くことになります。このために、財政の本来の機能である資源配分機能が十分に発揮できなくなります。とくに、高齢化社会の到来を展望した場合、年金・医療・福祉などの社会保障関連費の増加に対して十分な対応ができなくなるおそれがでてきます。これが**財政の硬直化**です。また、財政支出が弾力性を失うと、経済状況の変化に対して財政面からの適切な対応が難しくなり、景気調整機能の面でも支障が出てくることになります。

世代間の不公平　　第2は、**世代間の不公平**の問題です。わが国の場合を考えてみますと、国債は建設国債と特例国債が発行されています。このうち、一般に建設国債については土木・建設などに関する社会資本が将来に残りますので、元利支払い義務は現代世代と将来世代で負担すべきものと考えられています。通常、こうした社会資本の平均耐用年数は60年とみられており、60年償還ルールが採用されています。

　これに対して、特例国債（赤字国債）は経常経費にあてられるために、将来に何の利益も与えません。それゆえ、国債によってまかなわれた経費だけが将来世代の負担として残されることになります。

信用の低下　1998年11月にアメリカの格付会社ムーディーズ・インベスターズ・サービスが日本の国債を最上級のAaa（トリプルA）から1ランクしたのAa1（ダブルA）に格下げすると発表しました。そのとき、ムーディーズ社は格下げの理由として、景気低迷が長引き日本経済の先行きに不透明感が高まったことや、緊急経済対策などで財政赤字が膨らみ、財政・金融面での弱体化がみられることを挙げました。こうした国債の格下げによる**国際的信用の低下**は、ジャパン・プレミアムの上昇や邦銀の格下げを生じさせ、わが国の金融システム全体の信認をいっそう低下させるおそれを生み出します。

　いずれにしても、財政赤字の拡大が中長期的には経済成長の阻害要因になるということについては、いまや世界的な共通認識となっており、クラウディング・アウト効果の発生や金利上昇圧力の問題も含めて、財政赤字の解消は重要な課題であるといえます。

16 金融政策の効果

ここでは，IS-LM分析をもとにして，金融政策が国民所得に及ぼす効果を考察します。

金融政策の効果

ケインズ・ルート　日本銀行が市中銀行から債券や政府証券を買い入れる，いわゆる買いオペレーションを行い，マネー・サプライが増加したとしましょう。マネー・サプライの増加は物価水準を一定とすれば実質貨幣供給量の増加となり，LM曲線を右下方へシフトさせます（図16-1）。

　マネー・サプライの増加は貨幣の超過供給にほかなりませんから，この超過分が債券や株式などの購入に向かったり貯蓄に向かったりするために，債券需要の増加により，その価格が上昇し，利子率はi_1へと下落します。利子率の下落は投資支出を刺激し，所得を増大させます。結果として，IS-LM曲線の交点はE_0からE_1へと移り，利子率はi_1へと下落し，所得がY_1へと増大することになります。すなわち，ここには金融政策の効果として，貨幣量増加→利子率低下→投資増加（乗数効果）→所得増大というルートが想定されています。これを**ケインズ・ルート**といいます。

　なお，貨幣需要が利子率の水準に応じて変化する度合が小さいほど，LM曲線の勾配は急になります。このようなときには，マネー・サプライの増加が所得水準の上昇に及ぼす効果は大きくなります。逆に，LM曲線の勾配が緩やかなときには，所得水準の上昇へのインパクトが小さくなります。

貨幣量増加の長期的効果　このような金融政策の効果に対し，貨幣供給量の増加は，結果として市場利子率を高めてしまうことになるため，有効ではない

図16-1 金融政策の効果

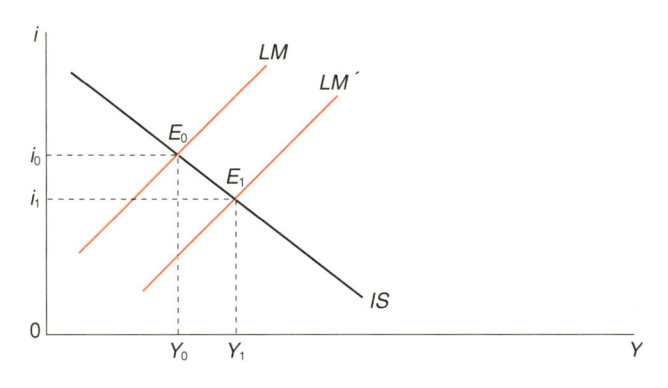

とのマネタリストからの批判があります。

ケインズ・ルートでは,貨幣量と利子率の関係は,貨幣量が増大すると利子率が下がるという,いわゆる**流動性効果**にポイントが置かれています。しかし,貨幣量と利子率の因果関係は,そのほかに貨幣量が増えれば物価が上昇し,その結果人々の予想インフレ率も上昇するので利子率が上昇してしまうという,**フィッシャー効果**もあります。これは,ケインズ・ルートの有効性に対するマネタリストたちの批判の理由となっているものです。

さらに,貨幣量が増えて総支出が増加すると,貨幣需要の増加により利子率が上昇するという**所得効果**も考えられます。

そこで,貨幣量と利子率の関係を時間的に追ってみますと,貨幣量が増加すると,はじめは流動性効果によって利子率が下がります。しかし,それが投資を刺激して総支出を拡大させ,さらには物価上昇をもたらすようになると,所得効果・フィッシャー効果が作用し,利子率を上昇させることになると考えられます。

古典派のケースにおける金融政策の効果　次に,LM 曲線が垂直となる場合の金融政策の効果をみていきます。これは,貨幣需要が取引貨幣需要だけからなる特殊なケースであり,古典派のケースといわれるものです。この場合,マ

図 16-2 古典派のケース

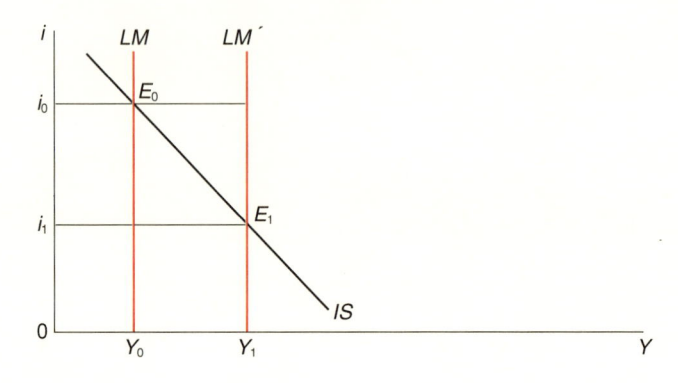

ネー・サプライの増加は，図16-2に示されるようにLM曲線を垂直のままで右方に移動させます。均衡点はE_0からE_1へ変化し，所得はY_0からY_1へと増大します。しかし，古典派のケースでは完全雇用が仮定されていますから，Y_0が完全雇用の所得水準ですと，たとえLM曲線がLM′のように右方にシフトしても，名目所得を増加させるだけで実質所得を増やすことはできません。つまり，物価の上昇によって名目所得だけが増加することになります。

金融政策が無効となるケース

流動性トラップ　貨幣市場において利子率が極端に低下すると，ほとんどすべての人が弱気に転じて，低率の利子しか生まない債券よりも貨幣の保有を望む状態が生じると考えられます。こうした状況では，貨幣需要が無限大となるために，図16-3に示されるようにLM曲線が水平化することになります。これを**流動性トラップ**といいます。

　こうした状況では，金融政策によって貨幣供給量を増加させても利子率を低下させることができませんので，国民所得を増加させることができず，金融政策は無効となります。この場合，所得増大のためには財政政策によりIS曲線を右方にシフトさせることが必要となります。

図 16-3　流動性トラップ

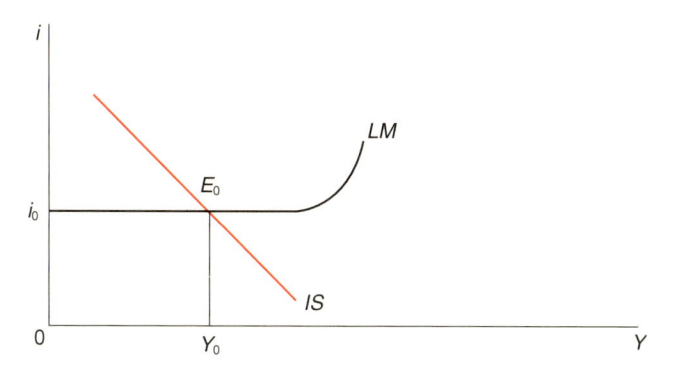

図 16-4　投資の利子非弾力性

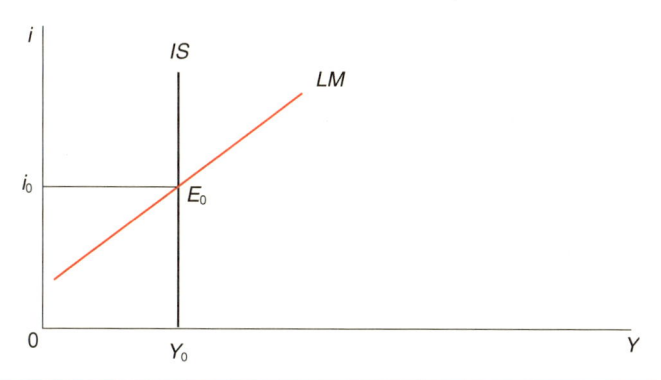

投資の利子非弾力性　民間企業の投資が利子率の変化に対して非弾力的な場合にも，金融政策は無効となります。

　投資が利子率の変化に対して非弾力的であるということは，利子率が変化してもそれに対して民間投資が反応しないということです。例えば，経済が不況にある場合には，企業は将来収益を低く見積らざるを得ないので，たとえ利子率が低下したとしても投資を拡大しようとはしません。結果として，投資は利子非弾力的となります。利子率の変化に対して投資が反応しなければ，国民所得も反応しないことになりますので，図16-4に示されるように IS 曲線は垂直になります。

この状況では，金融政策により LM 曲線を右下方にシフトさせることができたとしても，図16-4の均衡点 E_0 を右方に動かすことができませんので，国民所得を増加させることはできません。ゆえに，金融政策は無効となります。このケースでも，所得増大のためには財政政策による IS 曲線の右方シフトが必要となります。

物価の変化と国民所得

次に，IS-LM 分析では，外生変数として一定と仮定されている物価が変化した場合，それが国民所得に与える影響を考察します。ここで，物価変化が国民所得に与える効果を取り上げる理由は，それが金融政策における貨幣供給量の変化と同様の効果を生み出すと考えられるからです。

伸縮的賃金政策の効果　　物価の変化をもたらす政策としては，伸縮的賃金政策による賃金の低下を考えることができます。賃金の低下は物価の低下をもたらしますが，物価の低下は実質貨幣供給量を増加させますので，金融政策による貨幣供給量の増加と同様に，LM 曲線を右下方にシフトさせ，結果として利子率の低下を通じて投資を拡大し，所得を増加させると考えられます。

　ここから，賃金の切下げという**伸縮的賃金政策**が所得の増加を通じて雇用を拡大する効果をもつと考えることができます。ただし，すでにみましたように，流動性トラップや投資の利子非弾力性が存在する場合には，賃金の低下により LM 曲線が右下方にシフトしたとしても所得・雇用に影響を与えることはできません。こうした状況のもとでは，たとえ賃金が伸縮的であったとしても所得水準を拡大できないために，失業が存在したとしてもそれを解消できないということになります。このことは，**貨幣賃金率の下方硬直性**が非自発的失業の原因であるという指摘が必ずしも成り立たないということを示唆しています。

ピグー効果　ただし，たとえ投資の利子非弾力性や流動性トラップが存在したとしても，物価の低下が所得および雇用を拡大させるルートを考えることができます。それは，物価の低下によって資産価値が上昇すると，それによって消費支出が刺激され，消費需要の増加によって所得および雇用の拡大が可能になるということです。これを**ピグー効果**といいます。この場合には，IS 曲線が右上方にシフトすることになります。ここから，賃金・物価が伸縮的であれば，需要の増加を通じて生産・雇用の拡大が可能になるという主張を導き出すことができます。

ただし，ピグー効果の可能性については次のような疑問があります。第1に，物価下落は企業の生産物価格の低下であるので，それは企業の売上を低下させ，ひいては投資の限界効率を低下させることになります。それゆえ，投資にマイナスの効果を与えるために，IS 曲線を左下方にシフトさせる効果をもちます。これが消費増加による IS 曲線の右上方シフトより大きい場合には，全体の効果はマイナスとなります。第2に，物価低下による資産価値の上昇の一方で，実質債務残高が増大しますので，この面からの支出減少が消費増大効果を相殺する可能性があります。第3に，そもそも現実には賃金の引下げは難しく，一般に賃金は下方硬直的な傾向をもっています。なお，賃金の硬直性の要因については，ニュー・ケインジアンの人たちによって効率賃金仮説やメニューコスト理論を用いた説明がなされています。

安定化政策としての金融政策

これまでの財政・金融政策の議論においては，投資関数および貨幣需要関数を与えられたものとして，財政・金融政策によって IS–LM 曲線がシフトした場合に，国民所得がどのように変化するかをみてきました。しかしながら，現実経済においては投資関数や貨幣需要関数は決して安定的とはいえず，そうしたものに起因する IS 曲線や LM 曲線のシフトによって国民所得の均衡水準もしばしば不安定となります。

こうした事態に対して，金融政策によって国民所得水準の安定化をはかる場

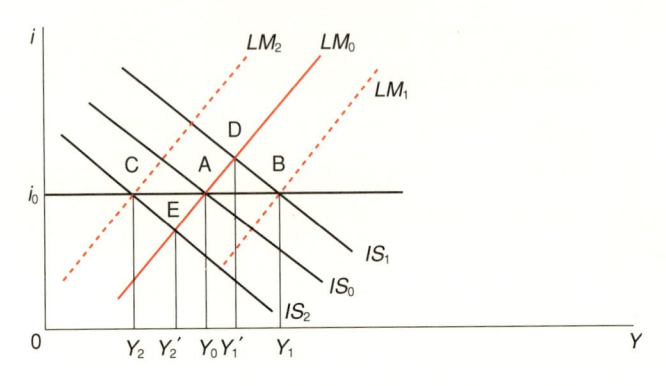

図 16-5 財市場が不安定なケース

合には，不安定化の要因が財市場にあるのか，貨幣市場にあるのかによって，コントロールすべき目標が異なることになります。すなわち，マネー・サプライの安定を目標とするか，あるいは利子率の安定を目標にするか，いずれが望ましいかということです。

マネー・サプライの安定化　　国民所得の不安定化をもたらす要因の1つは，投資関数にあります。ケインズ型投資決定論でみましたように，投資は利子率と投資の限界効率によって決まると考えることができます。このうち，投資の限界効率は，企業の投資プロジェクトが将来もたらすであろう期待収益の大きさに依存しますが，この投資の期待収益は企業家の予想にもとづくものにすぎません。それゆえ，景気の見通しなどによって影響を受けやすく，その結果，投資の限界効率は不安定となりやすい傾向があります。経済の不安定要因が投資関数にある場合，財市場の均衡を表す IS 曲線も不安定となります。

そこで，いま図16-5において，IS_0 と LM_0 の交点 A を出発点として，投資関数の不安定性のために，IS 曲線が IS_1 から IS_2 の幅で変動するものとします。ここで，金融政策の目標を利子率の安定に置きますと，例えば IS 曲線が IS_1 にシフトした場合には利子率を i_0 の水準に維持するためにマネー・サプライを増加して LM 曲線を LM_0 から LM_1 へとシフトさせることになります。そ

図16-6 貨幣市場が不安定なケース

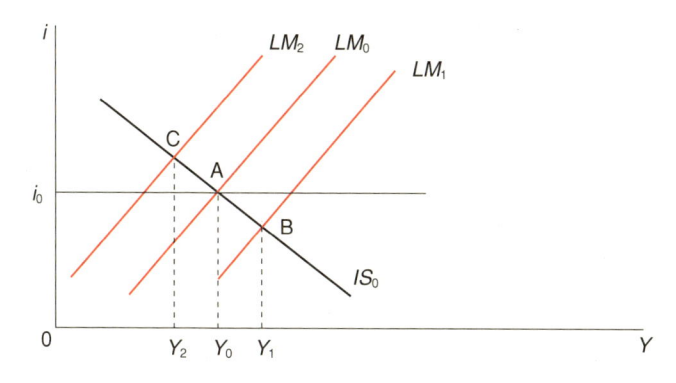

の結果，国民所得は均衡点 B に対応して Y_1 へと増加することになります。一方，IS 曲線が IS_2 にシフトする場合には，LM 曲線を LM_2 にシフトさせることになりますので，国民所得は均衡点 C に対応して Y_2 となります。

これに対して，金融政策の目標をマネー・サプライの安定に置く場合には，一定のマネー・サプライのもとで，LM 曲線は LM_0 に固定されることになります。そこでは，IS 曲線が IS_1 から IS_2 まで変動したとしても，IS-LM の均衡点 D および E に応じて所得の変動幅は Y'_1 から Y'_2 までであることがわかります。

ここからわかることは，財市場に不安定要因があるときには，利子率目標よりもマネー・サプライを目標にした方が経済の不安定化をより小さくすることができるということです。それゆえ，安定化策としては，マネー・サプライの安定化がより望ましい政策であるといえます。

利子率の安定化　次に，貨幣市場における不安定化とその安定策についてみてみます。貨幣市場を不安定化させる要因としては，投機的貨幣需要の変化が挙げられます。

流動性選好理論でみましたように，資産としての貨幣に対する需要である貨幣の投機的需要は，代替的資産である債券の将来価格に依存しています。債券の将来価格は個々の投資家の予想にもとづくものにすぎず，不安定であるため

に，貨幣の投機的需要も不安定なものとなります。このように，経済の不安定要因が貨幣需要関数にある場合，貨幣市場の均衡を表す LM 曲線も不安定となります。

いま，図16-6において，IS_0 と LM_0 の交点 A を出発点として，貨幣需要関数の不安定性のために，LM 曲線が LM_1 から LM_2 の幅で変動するものとします。この場合に，安定化政策の目標をマネー・サプライの安定に置きますと，例えば貨幣需要が減少すると，マネー・サプライが一定ですから，LM 曲線は LM_1 へとシフトしますので，利子率が下落し，国民所得は Y_1 まで増加することになります。また，貨幣需要が増加した場合には LM_2 へとシフトすることになりますので，国民所得は Y_2 へと減少します。結果として，マネー・サプライの安定を目標とした場合には，所得の変動幅は Y_1 から Y_2 までと大きくなります。

これに対して，目標を利子率の安定に置き，i_0 の水準を保つ場合には，LM 曲線が LM_1 にシフトすると，マネー・サプライを減少させて LM_0 まで戻すことになりますので，所得水準も Y_0 に戻ることになります。また，LM_2 にシフトするときには，マネー・サプライを増加させて，LM_0 まで戻しますので，利子率は i_0 の水準を維持し，国民所得も Y_0 に保たれることになります。

それゆえ，経済の不安定化要因が貨幣市場の側にある場合には，金融政策の運営目標を利子率の安定に置いた方が，安定化政策としてはより有効であるといえます。

第 5 部　物価と雇用

17 総需要関数・総供給関数

マクロ経済の主要な問題の1つは，インフレーションです。これまで，IS–LM分析を用いて，財市場と貨幣市場の相互作用の問題をみてきましたが，そこでは物価水準の問題が明示的には取り扱われませんでした。

ここでは，総需要曲線と総供給曲線を用いて，国民所得と物価水準の関係を分析していきます。なお，ここでは物価を導入することによって，国民所得 Y は実質国民所得（実質GDP）を表すことになります。そこでまず，総需要曲線を導出することからはじめていきます。

総需要曲線

総需要曲線は，需要面からみた実質国民所得と物価水準の関係を表す線です。この線は IS–LM 分析をもとにして導くことができます。IS–LM 分析を表す図17–1において，名目貨幣供給量を一定とすると，物価水準 P_0 のもとで，IS 曲線と LM（P_0）曲線の交点 E_0 で国民所得が Y_0 に決まっているとします。ここで，物価が P_0 から P_1，P_2 へと下落していきますと，実質貨幣供給量 $\left(\dfrac{M}{P}\right)$ は増加しますから，LM 曲線は右下方へと移動します。その結果，IS 曲線と LM 曲線の交点が E_1，E_2 へと移動し，国民所得が Y_1，Y_2 へと増加することになります。そこで，ここにおける物価 P と所得 Y の関係を図にしてみますと，図17–1に示される AD 曲線が得られます。このとき，物価水準と実質所得との関係を示した曲線を **総需要曲線**，あるいは **AD 曲線** といいます。

この AD 曲線が右下がりとなっているのは，物価の低下により実質貨幣供給量が増加すると貨幣市場で利子率が低下しますので，民間投資が増加し，その乗数倍の所得が増加するというメカニズムが想定されているためです。つまり，物価下落による総需要の増加が所得を増加させるということです。この関

図17-1　総需要曲線（AD 曲線）

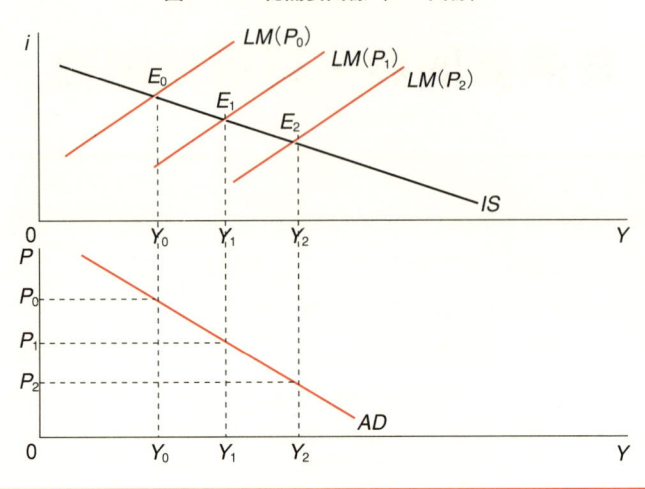

係は，次のようにまとめることができます。

$$P\downarrow \Rightarrow \frac{M}{P}\uparrow \Rightarrow i\downarrow \Rightarrow I\uparrow \Rightarrow Y\uparrow$$
総需要曲線

　AD 曲線は物価変動以外の要因によって総需要が変化するときにはシフトします。すなわち，消費支出が増加したとき，投資支出が増加したとき，政府支出が増加したときは，IS 曲線が右上方へとシフトしますから，それに応じて AD 曲線は右上方へシフトします。

　また，金融緩和政策がとられたときも LM 曲線が右下方へシフトし，総需要が増大しますから，AD 曲線は右上方へとシフトします。

総供給曲線

　総供給曲線（AS 曲線）は，企業が供給しようとする実質 GDP と物価水準との関係を示す曲線ですが，それはケインズ経済学における労働市場の分析を通じて導き出すことができます。

古典派雇用理論　　ケインズは，古典派雇用理論を次の2つの公準に依拠するとしました。

　第1公準：実質賃金は労働の限界生産物に等しい。
　第2公準：実質賃金の効用はそのときの雇用量の限界不効用に等しい。

　このうち，第1公準からは実質賃金の低下に従って労働需要が増大する右下がりの労働需要曲線が描かれ，第2公準によって限界苦痛逓増の法則にもとづく右上がりの労働供給曲線が描かれます。この両曲線によって雇用量が決定されるというのが，古典派の雇用理論です。

古典派の第1公準　　古典派の第1公準から，企業による産出量の増加と物価水準の関係を示す総供給曲線を導き出すことができます。

　まず第1公準は，企業の労働需要の条件を示すものですが，その内容は次のように説明できます。企業は，利潤最大化を追求して生産活動を行うと考えられますが，利潤 π は総収入と総費用の差ですから，いま，産出量を y，価格を P，生産要素として投入される労働量を N，その価格である賃金を w としますと，利潤 π は，

$$\pi = Py - wN \quad\quad \cdots\cdots ①$$

となります。利潤最大化は，①式を労働量 N で微分してゼロとおくことによって得られます。すなわち，

$$\frac{d\pi}{dN} = P\frac{dy}{dN} - w = 0 \quad\quad \cdots\cdots ②$$

したがって，

$$P\frac{dy}{dN} = w$$

であり，さらに，この式を変形して，

$$\frac{dy}{dN} = \frac{w}{P} \quad\quad \cdots\cdots ③$$

図17-2　総供給曲線（AS 曲線）

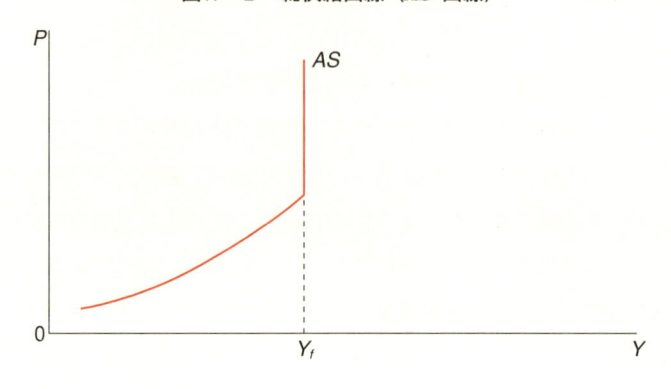

とすると，利潤最大化条件は，

$$\text{労働の限界生産物}\ \frac{dy}{dN} = \text{実質賃金}\ \frac{w}{P}$$

となります。これが，古典派の第1公準です。ここから，労働の限界生産物 $\frac{dy}{dN}$ が収穫逓減の法則に従って労働投入量の増加につれて逓減していくことを前提にして，実質賃金が低下すると労働需要が増加するという右下がりの労働需要曲線を導出することができます。

総供給曲線　　古典派の第1公準を示す③式を書き換えますと，

$$P = \frac{dN}{dy} \cdot w \qquad \cdots\cdots ④$$

となります。

　資本設備に変化がない短期を前提とすれば，$y=f(N)$ の生産関数に従って雇用量が増加すれば産出量 y も増加します。ただし，雇用量が増加すると労働の限界性産物 $\frac{dy}{dN}$ は逓減します。そこで，$w=\overline{w}$ としますと，雇用量が増加して産出量，すなわち国民所得が増加しますと，④式より，物価が上昇することになります。この関係は，次のようにまとめることができます。

図17-3 実質GDPと物価の決定

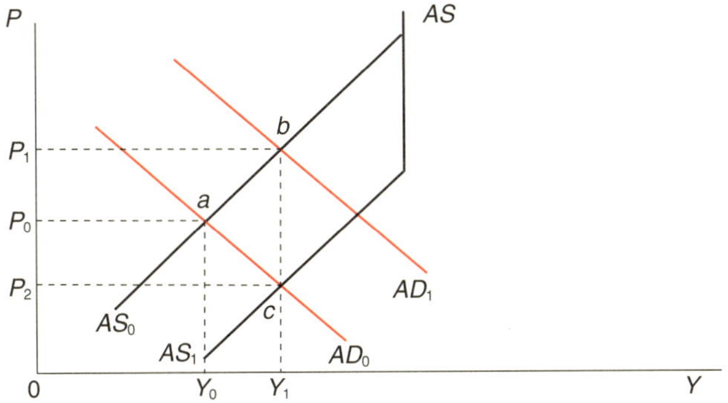

$$N\uparrow \Rightarrow y\uparrow \Rightarrow \frac{dy}{dN}\downarrow \Rightarrow \frac{dN}{dy} \quad (w=\overline{w}) \Rightarrow P\uparrow$$

← 総供給曲線 →

　この関数を示したものが，図17-2の**総供給曲線**（**AS 曲線**）です。なお，完全雇用にいたると実質 GNP は増加しませんので，Y_f のところで AS 曲線は垂直となります。

実質 GDP と物価水準の同時決定

AD 曲線と AS 曲線から，実質 GDP と物価水準を決定することができます。図17-3において，AS が AS_0 で AD が AD_0 のときは，物価は P_0 に，実質 GDP は Y_0 となります。総需要が増加しますと，AD は AD_1 へと右へシフトするため，物価は P_1 へ上昇し，実質 GDP は Y_1 へとシフトします。

　総需要が AD_0 のとき，原材料費や賃金の低下によって総供給曲線が AS_0 から AS_1 へと下方シフトしますと，物価は P_0 から P_2 へと下落し，実質 GDP は Y_0 から Y_1 へと増加します。

　なお，AD 曲線を右へシフトさせる要因は，消費支出の増加，投資支出の増加，政府支出の増加，マネー・サプライの増加などが考えられます。また，AS 曲線を右下方へシフトさせる要因は，労働生産性の上昇，技術水準の向上，資

図17-4 ディマンド・プル・インフレーション

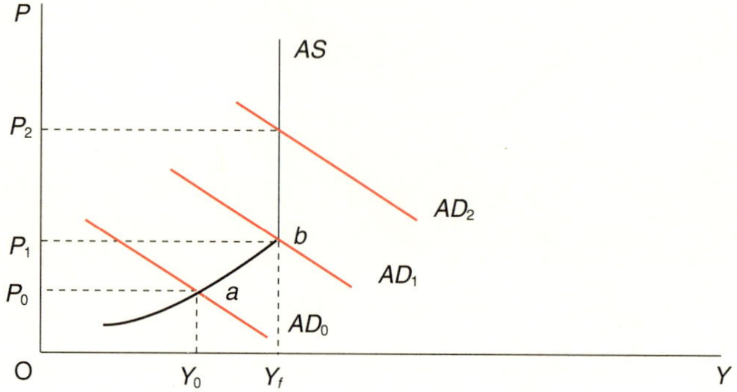

源供給量の増加および政府による規制緩和などです。

インフレーションの分析

次に，先に導いた総需要曲線（AD）と総供給曲線（AS）を用いてインフレの原因をディマンド・プルとコスト・プッシュに分けて説明することができます。

ディマンド・プル・インフレーション　図17-4において，有効需要が増えますと，AD曲線はAD_0からAD_1へシフトします。このときには，有効需要の増加は物価の上昇と産出量の増加の両者によって吸収されます。さらに，有効需要がAD_2に増大しますと，今度はすべて物価騰貴という形で現れます。前者を**半インフレーション**，後者を**真正インフレーション**といいますが，両者とも有効需要の増加によって生じるインフレーションであるために，**ディマンド・プル・インフレーション**といいます。

コスト・プッシュ・インフレーション　生産コストの上昇が発生しますと，図17-5のようにAS曲線が，AS_0からAS_1へと上方へシフトします。そこでは，実質GDPの低下もさることながら，物価がP_0からP_1へと上がります。このように，コストの上昇に伴って引き起こされたインフレーションを**コスト・**

図17-5 コスト・プッシュ・インフレーション

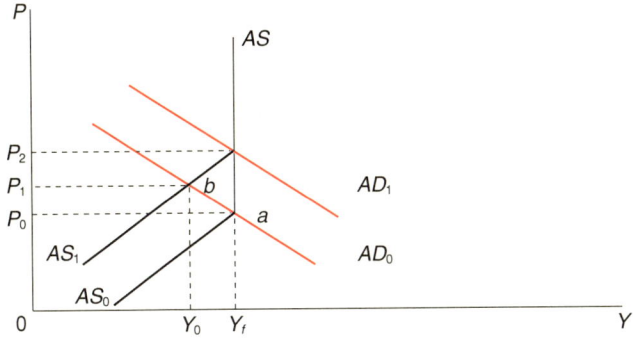

プッシュ・インフレーションといいます。

このとき、実質 GDP の減少を食い止めるには、総需要の増加が必要となります。総需要曲線（AD 曲線）を AD_0 から AD_1 へシフトさせることができるならば、完全雇用 Y_f へ復帰することが可能となります。しかし、物価は P_2 へとさらに上昇することになります。

物価下落と実質 GDP

総需要・総供給分析を用いますと、わが国において1990年代の後半にみられたような物価下落についても、それを原因に応じて示すことができます。

物価下落の原因の1つは、景気後退に伴う需給ギャップの拡大でしたが、これは図17-6に示されるように、AD 曲線の左下方シフトによるものでした。需要の減少による物価下落は景気後退期にみられる現象ですが、90年代後半のわが国においては、物価下落によって企業の売上が減少する一方、賃金等のコストは短期的に下方硬直的であるために、企業収益の減少が顕在化することになりました。そのため、企業はコスト削減によって収益を確保する必要に迫られ、一段と厳しいリストラ策をとることになりました。その結果、雇用情勢は悪化、失業率が4.9％にも達したために、所得不安・雇用不安から消費需要が減少し、AD 曲線をさらに左下方にシフトさせ、物価の下落とともに GDP の

図 17-6　*AD* 曲線のシフト

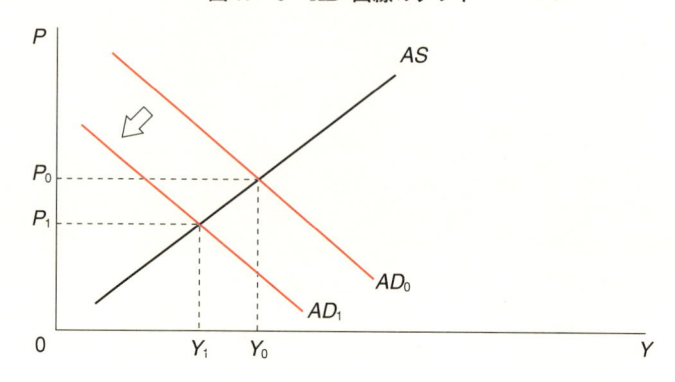

図 17-7　*AS* 曲線のシフト

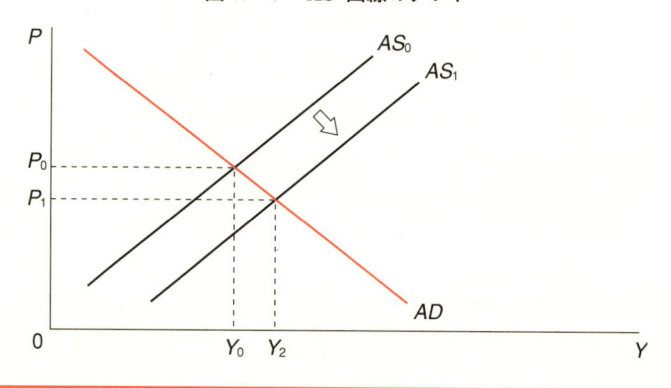

水準をいっそう低下させることになりました。そこには，いわゆるデフレスパイラルの進行が懸念される状況がありました。

　もう1つの物価下落の原因は，生産性の上昇やコストの低下です。円高により製品や輸入品の価格が下がるケースもこれにあたります。これは図17-7に示されるように，*AS* 曲線の右下方シフトをもたらします。この場合，物価下落は実質所得の増加を通じて需要を増加させますので，一層の所得拡大が可能になります。90年代後半の物価下落の一部は，このような *AS* 曲線の右下方シフトによってもたらされたといえます。

　このように，物価下落という現象そのものは同じですが，それが実体経済に

与える影響は，AD 曲線のシフトと AS 曲線のシフトでは大きな違いがあります。こうした状況の違いを明確に表すことができるという点で，総需要・総供給分析は有用な道具であるといえます。

18 所得・物価・雇用

フィリップス曲線

これまで，総需要曲線と総供給曲線を用いて，実質 GDP と物価の関係についてみてきました。ここでは，それをさらに一歩進めて，物価と雇用，つまりインフレと失業の関係を分析していきます。

フィリップス曲線　インフレーションと失業の問題は，マクロ経済学における重要なテーマですが，この問題に関する理解にもっとも大きな衝撃を与えたのがフィリップス曲線の発見です。

イギリスの経済学者 A. W. フィリップスは，1861年から1957年の約100年間にわたるイギリスの失業率と貨幣賃金上昇率の関係を調べ，そこに図 18 − 1 (A) に示されるような右下がりの曲線で表される関係があることを発見しました。

この図は，失業率が低いときには賃金上昇率が高く，逆に失業率が高いときほど，賃金上昇率が低いことを表しています。これを**フィリップス曲線**といいます。

その後，アメリカにおいてサムエルソンとソローが物価上昇率と失業率の間にも同様な関係があることを確認しました。つまり，失業率が低いときには物価上昇率が高くなり，失業率が悪化するときには物価上昇率が低下するということです。この関係を示す曲線を物価で**修正されたフィリップス曲線**といいます（図 18 − 1 (B)）。この物価で修正されたフィリップス曲線は，物価上昇率と失業率，すなわち物価と雇用の間にトレード・オフの関係を検出したものとして，大きな関心をよびました。

このフィリップス曲線のトレード・オフ関係は，経済政策に関してきわめて

図 18-1　フィリップス曲線

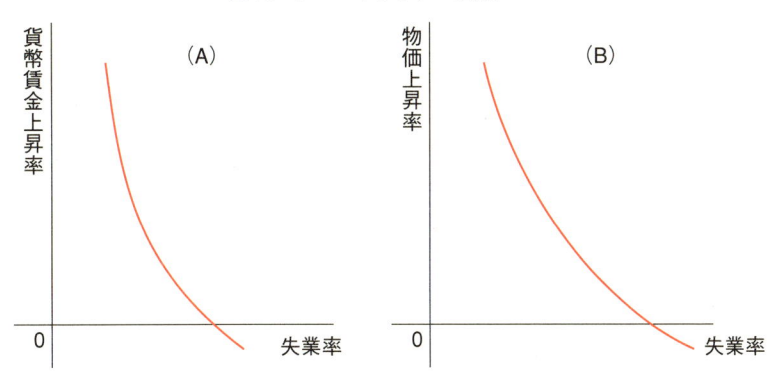

(A) 縦軸: 貨幣賃金上昇率、横軸: 失業率

(B) 縦軸: 物価上昇率、横軸: 失業率

重要な意味をもっています。すなわち，もし現実の経済にこのような関係がみられるならば，失業率を引き下げようとすると，物価上昇を失業解消のコストとして受け入れざるを得ないということであり，逆に物価上昇を抑えようとすると，失業率が上昇することになります。ただし，フィリップス曲線が安定的であるかぎり，政策当局者は失業と物価上昇のそれぞれのコストを比較して，このフィリップス曲線上で社会的に望ましい失業率と物価上昇率の組み合わせを選択することができると考えることができます。

そこで次に，労働市場の分析をふまえて，上記のような物価と雇用の間の統計的結果をどのように解釈したらよいかをみていくことにします。

新しい総供給曲線

フィリップス曲線が示す物価と雇用の相反関係を説明するためには，総供給 Y と物価 P との間の右上がりの関係を表す総供給曲線を用いる必要があります。ただし，物価と雇用の関係という現実的な問題を説明する場合には，これまでに求めた第 1 公準にもとづく総供給曲線では，いくつかの点で経済の実態に合わないために，これをより現実的な条件のもとに書き直す必要があります。

総供給曲線の問題点　第1に，古典派の第1公準にもとづいて導出された総供給曲線は，所得と物価の関係が企業の利潤最大化行動を条件として労働需要の面からのみ導かれており，そこには労働供給，とくに失業率の大小が関係していないという問題があります。第2に，第1公準では，名目賃金率が一定と仮定されているために，生産および雇用が拡大するにつれて実質賃金が低下していくことになります。しかし，雇用の拡大につれて実質賃金が低下していくということは，現実にはみられない現象です。第3に，収穫逓減の法則に従って，生産の増大につれて労働の限界生産物が低下していくと仮定されていますが，実際に企業が操業する範囲では，限界生産物の逓減はみられません。第4に，第1公準のもとでは，労働の限界生産物と実質賃金の関係がそのまま労働需要の変化に結び付くとされていますが，企業の雇用決定には実質賃金のほかにも将来の販売期待や雇用の調整費用等の要因が関係してくると考えられます。それゆえ，物価・所得・雇用の関連を説明する場合には，第1公準にもとづく総供給曲線とは別に，現実的な仮定のもとに描かれた総供給曲線を手に入れる必要があります。

賃金率と失業率　右下がりフィリップス曲線が妥当する場合，労働市場では失業が増大するほど賃金率は低下し，失業が減少するほど賃金率は上昇します。まず，この関係をもとにして，賃金率と失業率の関係を説明すると次のようになります。

　いま，摩擦的失業を除いて，非自発的失業のない完全雇用水準を N_f とし，この N_f のもとでの失業率，すなわち自然失業率を U_f とします。現実の雇用水準を N としますと，N_f と N の差が失業の大きさとなりますので，現実の失業率を U としますと，

$$U = \frac{N_f - N}{N} \qquad \cdots\cdots ①$$

と表せます。①式において，労働市場が完全雇用にあるときには，$N_f = N$ となりますので，失業率はゼロとなります。現実の雇用が完全雇用水準を超え，

$N_f < N$ となる場合には，$U < 0$ となり，失業率はマイナスとなりますし，$N_f > N$ となり，非自発的失業が存在する場合には，$U > 0$ となり，失業率は上昇することになります。

次に，貨幣賃金率 W は労働市場における失業の程度に反応しますので，それを①式に対応させて失業率がプラス（$U > 0$）であれば W は低下し，失業率がマイナス（$U < 0$）であれば上昇すると考えられます。そこでこの関係は，次のように表すことができます。

$$W = W_{-1}(1 - \alpha U) \quad \cdots\cdots ②$$

ここで，W_{-1} は前期の賃金率であり，α は失業に対する賃金の反応度を表す正の係数です。②式からわかることは，完全雇用が成立し，$U = 0$ となると，今期の賃金 W は前期の賃金 W_{-1} に等しくなりますので，賃金は上昇も低下もしません。U がプラスとなり，失業が存在するときには，$(1 - \alpha U)$ が①より小となりますので，W は W_{-1} を下回ることになります。つまり，失業が生じると貨幣賃金率が低下するということです。逆に，U がマイナスなら，W は上昇することになります。

①式と②式からは，労働市場において，完全雇用を下回って雇用が減少すると失業率が上昇し，それが賃金率を低下させ，逆に完全雇用を上回って雇用が増加すると，失業率はマイナスとなり，賃金率を上昇させることがわかります。

価格決定　次に，賃金率の変化と物価との関係を考えるうえで企業による価格決定がどのようになされるかが問題となります。ここでは，企業は価格決定に関してフル・コスト原理を採用するものとします。これは，寡占市場における企業の価格設定行動を表すものです。したがって，価格決定式は，

$$P = AC(1 + r) \quad \cdots\cdots ③$$

となります。ここで，AC は平均費用であり，r はマーク・アップ率です。つまり，企業は平均費用に一定の利潤を上乗せして価格を設定すると仮定しま

す。こうした関係をもとにして，新しい総供給曲線を導くことができます。

新しい総供給曲線　　上記の条件のもとで産出量の変化と価格の間には次のような関係が成り立つと考えられます。まず，何らかの理由で総需要が増大しますと，それは現実の産出量（Y）を増大させるだけでなく，将来にわたる期待産出量（Y_e）を高めることを通して，雇用（N）の増大を促します。実際にも，企業は生産したものがどのくらい売れるかという販売予想にもとづいて生産および雇用についての計画を立てると考えられます。雇用増加は①式および②式より貨幣賃金率 W を上昇させます。W の上昇は企業にとってコストの上昇になりますので，価格設定式③を通じてその一部が価格上昇に転嫁されることになります。このようにして，総供給 Y と物価 P の間には，図18-2に示されるような右上がりの関係が成立することになります。この関係は，次のようにまとめることができます。

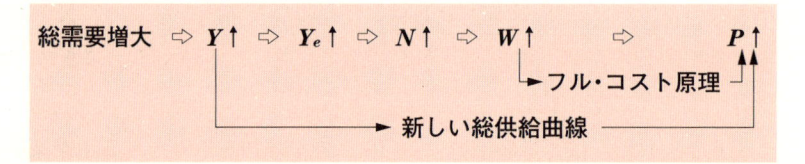

総需要増大　⇨　$Y\uparrow$　⇨　$Y_e\uparrow$　⇨　$N\uparrow$　⇨　$W\uparrow$　⇨　$P\uparrow$
　　　　　　　　　　　　　　　　　　　　　　　　　　　　　フル・コスト原理
　　　　　　　　　　　　　　　新しい総供給曲線

なお，この新しい総供給曲線においては，雇用が，期待産出量 Y_e と雇用の調整費用に依存しているということに注意する必要があります。企業による雇用量の決定は，期待産出量ないし期待販売量に左右されます。期待販売量が増大しますと労働需要は高まりますが，期待販売量の低下は労働需要を減少させます。

また，現実の企業は雇用を変動させる場合，相当の調整費用を要します。それは，新規採用のための募集広告，入社試験，社員教育・訓練のための費用や解雇・退職に伴う費用です。それゆえ，これらの費用が高い場合には，一時的な需要変化に対する雇用調整には慎重な行動をとると考えられます。この場合には，総供給曲線の傾きが，よりゆるやかになるといえます。

図 18-2　新しい総供給曲線とそのシフト

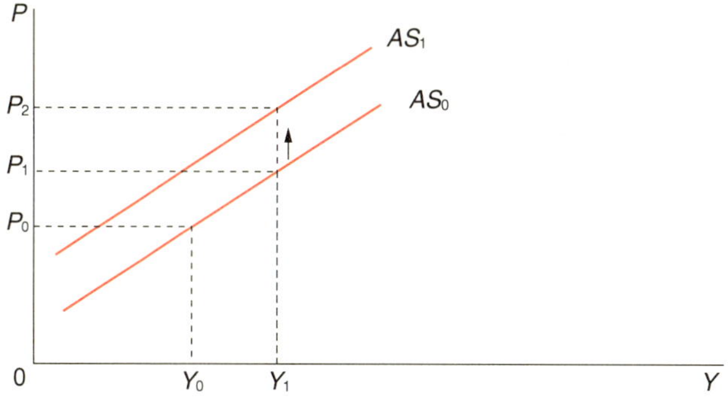

総供給曲線のシフト　次に，総供給曲線のシフトについてみておきます。右上がり総供給曲線のもとで，生産量 Y の増大は価格を高めることになりますが，図 18-2 に示されるように，たとえば当初，経済が Y_0 に位置し，総需要の増大によって Y_1 まで増大したとします。まず，生産量の増大は，AS_0 曲線に沿って価格を P_0 から P_1 に高めます。しかし，期待販売量が増大すると雇用拡大のために賃金がいっそう上昇し，これらの費用の上昇は価格上昇に転嫁されることになりますので，AS 曲線は AS_1 へと上方シフトすることになります。

財政・金融政策とインフレーション

財政・金融政策が国民所得に与える効果については，すでに IS–LM 分析にもとづいて詳しく説明しましたが，ここでは総需要曲線と総供給曲線を使ってもう一度確認しておくことにします。総需要・総供給分析を用いると，物価の変動を明示的に分析できるというメリットがあります。

財政政策　まず，拡張的な財政政策がとられた場合の効果をみてみよう。財政支出の拡大は総需要を増大させるので，図 18-3 に示されるように総需要曲線が D_0 から D_1 へと右上方にシフトします。その結果，実質 GDP が Y_0 から Y_1 に増加するとともに，物価が P_0 から P_1 に上昇することになります。ここに，

図18-3 物価上昇と実質 GDP

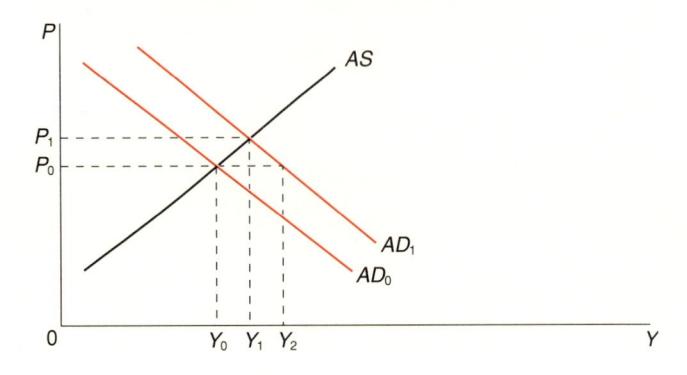

　総需要の増大が物価に与える効果が明示的に示されることになります。

　物価の上昇を考慮しますと，IS-LM 分析において財政支出の拡大が IS 曲線の右上方シフトを通じて国民所得を増大させる効果が過大評価されていたことがわかります。なぜなら，IS-LM 分析では物価が変化しませんでしたので，IS 曲線が右上方にシフトしても LM 曲線は変化しません。したがって，図にあるように実質 GDP は Y_2 まで増加します。しかし，総需要の拡大によって物価が上昇しますと，実質貨幣供給量 $\frac{M}{P}$ が減少するために，IS 曲線が右上方にシフトする一方で LM 曲線が左上方にシフトします。その結果，IS 曲線と LM 曲線の交点で決定される実質 GDP は Y_1 となり，IS-LM 分析でみたものより小さくなるからです。

金融政策　次に，拡張的な金融政策の効果を考えてみます。金融緩和政策によってマネー・サプライが増大しますと LM 曲線が右下方にシフトし，利子率を低下させるとともに実質 GDP を増加させることになります。しかし，物価の変化を入れますと，この IS-LM 分析における実質 GDP の増加も総需要増大の効果を過大評価していることになります。

　金融政策による総需要の増大は，財政政策の効果と同様に総需要曲線を右上方にシフトさせますので，図18-3に示されるように物価を上昇させます。そ

の結果，実質貨幣供給の減少により LM 曲線は左上方へシフトしますので，物価の変化を考慮しなかった場合の Y_2 に比べて実質 GDP の増大を低く抑えることになります。

19　失業とインフレーション

フィリップス曲線と政策課題

失業とインフレーションの問題は，現代のマクロ経済学が説明すべき重要なテーマです。すでに述べましたように，この問題を説明するうえでもっとも重要なツールを提供してくれたのがフィリップス曲線でした。

物価と失業のトレード・オフ　　フィリップス曲線は，物価上昇率と失業率の間にトレード・オフの関係があることを検証することによって，雇用か物価安定かという政策問題に大きな影響を与えました。つまり，物価と失業の間に右下がりフィリップス曲線によって示されるような安定的な関係があるかぎり，物価安定と雇用確保の間に一定の関係を見出すことができるということです。

いま，縦軸に物価上昇率 $\pi = \dfrac{\Delta P}{P}$ をとり，横軸に失業率 u をとった場合のフィリップス曲線を示す図19-1において，労働市場における需給均衡のもとでの自然失業率を U_n とし，フィリップス曲線 F_0 がこの U_n を通る右下がりの曲線で示されているとします。この場合には，フィリップス曲線が自然失業率の水準で物価上昇率ゼロのところを横切っていますので，政府は適切な政策により物価安定と完全雇用の確保を両立できることになります。

しかし，もしフィリップス曲線が F_1 のような位置にあるときには，物価安定と完全雇用の両立は困難となります。このケースでは，物価上昇率を低く抑えようとしますと，失業率が自然失業率を上回ることになります。一方，失業率を自然失業率の水準に一致させようとすれば，物価が上昇することになります。

ただし，この場合にも，ある程度の物価上昇を雇用確保のためのコストとし

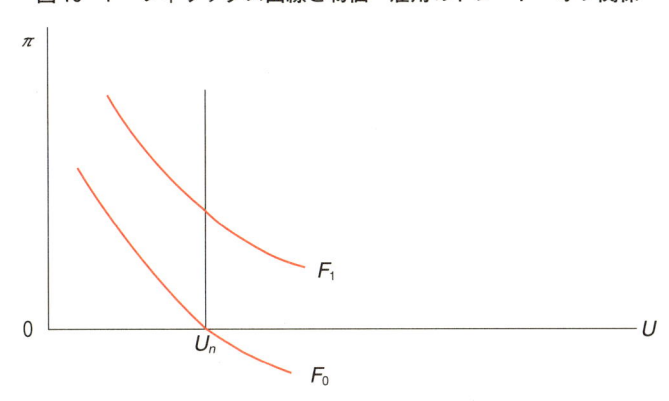

図19-1 フィリップス曲線と物価・雇用のトレード・オフ関係

て容認することができれば、右下がりのフィリップス曲線のもとで、失業率を低下させるための政策が有効に作用し得ると考えることができます。これが、裁量的財政・金融政策を主張するケインジアンたちの考え方です。

マネタリストの批判　ケインジアン的な見方に対して、右下がりフィリップス曲線の現実妥当性と政策の有効性に対してマネタリストの側から強い疑問が投げかけられました。

　マネタリストの批判は、フィリップス曲線にもとづく物価安定と雇用確保に関する政策の主張は、実質賃金と名目賃金を混同しているところに問題があるということです。マネタリストによれば、企業にしても労働者にしても、賃金交渉にあたって目標としているのは名目賃金ではなく実質賃金であり、名目賃金にもとづく交渉では両者とも貨幣錯覚に陥っているために、そこでの失業率には市場の状況が反映されていないということになります。

　労働市場の需給状態を反映させるには、実質賃金にもとづく賃金交渉が行われなければならず、そうなれば貨幣錯覚を排して労働市場の需給関係から失業率が決定されると考えることができます。自然失業率は、まさにこのような形で決まる失業率です。

マネタリストによれば，この自然失業率の水準において何らかの理由から総需要の増加により名目賃金が上昇し，その結果失業率が減少するのは，物価の変化率に対する期待が不正確であるために，名目賃金の上昇を実質賃金の上昇と錯覚するためです。

　時間の経過とともに，その錯覚に気付いて期待を修正すれば，物価上昇により実質賃金が変化していなかったことがわかりますので，失業率は自然失業率の水準に戻ることになります。その場合，フィリップス曲線は予想物価の上昇率分だけ上方にシフトすることになります。

　ここでの議論は，将来の物価上昇率についての予想が変化するときにフィリップス曲線がシフトするという，きわめて重要な内容をもっています。

予想物価上昇率とフィリップス曲線のシフト　マネタリストたちのフィリップス曲線に対する批判は，1960年代から70年代にかけて生じた物価上昇率と失業率の上昇という現実の状況に対応するものでした。物価上昇と失業率の上昇が同時に生じる現象をスタグフレーションとよびますが，こうした状況は物価と失業のトレード・オフを示す右下がりのフィリップス曲線では説明し得ないものでした。マネタリストたちは，こうした状況を物価上昇の予想にもとづくフィリップス曲線の上方シフトによって説明するとともに，雇用と物価安定のトレード・オフによる政策の選択に強い疑問を投げかけました。

　物価上昇の予想を含むフィリップス曲線のシフトは，次のように説明されます。いま，図19-2において，予想物価上昇率 $\pi^e = \dfrac{\Delta P^e}{P^e}$ が現実の物価上昇率 π_0 と等しい場合のフィリップス曲線が F_0 の線として描かれています。ここで，総需要の増加により名目賃金が上昇すると，当初は物価の変化に対する期待が不正確なために労働者は名目賃金の上昇を実質賃金の上昇と錯覚して労働供給を増大させることになります。そのために，失業率は U_n から U_1 へと減少します。

　しかし，その錯覚に気づき物価上昇率が π_1 であったことに気づきますと，労働者が実質賃金を現在の水準に維持するには π_1 の賃上げが必要となりま

図19-2　予想物価上昇率とフィリップス曲線のシフト

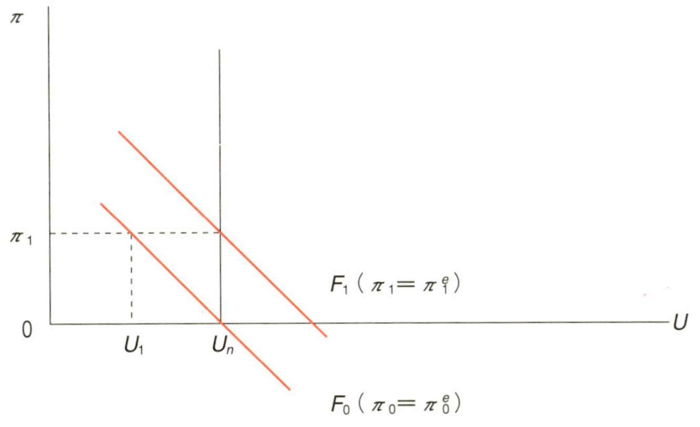

[図：縦軸 π、横軸 U。$F_1(\pi_1 = \pi_1^e)$ と $F_0(\pi_0 = \pi_0^e)$ の2本の右下がり直線。自然失業率 U_n で π_1 を通る。U_1 において π_1 の水準が示される。]

す。そこで，予想物価上昇率をゼロから π_1^e へと改訂することになります。その結果，フィリップス曲線は予想物価の上昇率分だけ F_1 へと上方にシフトすることになりますので，自然失業率 U_n の水準で π_1 を通る線 F_1 となります。

結局，実質賃金が上昇しなかったために，労働供給ももとの水準に戻りますので，失業率の水準は U_n にとどまり，物価だけが π_1 に上昇することになります。失業とインフレに関するこのような説明を**自然失業率仮説**といいます。

インフレ供給曲線

予想物価上昇率を含むフィリップス曲線　次には，これまでの総供給曲線と総需要曲線をそれぞれインフレ率と結びつけて再構成することによって，インフレ率と産出水準の決定について考えていきます。そのためには，総供給曲線および総需要曲線に代わって，インフレ供給曲線とインフレ需要曲線を手に入れる必要があります。

まず，先に示した物価上昇の予想を含んだフィリップス曲線を用いて，物価上昇率と産出量水準の関係を示すインフレ供給曲線を導出することができます。いま，現実の物価上昇率，すなわちインフレ率を $\pi = \dfrac{\Delta P}{P}$ とし，予想物

価上昇率を $\pi^e = \dfrac{\Delta P_e}{P_e}$ としますと，フィリップス曲線の関係は，

$$\pi = \pi^e - \alpha (U - U_n) \qquad \cdots\cdots ①$$

となります。この関係は，図を用いて次のように説明できます。図19-2において，まず失業率は自然失業率 U_n の水準にあるとします。この時点で企業も労働者もインフレ率が π_0^e であると期待するなら，貨幣賃金はその率で上昇すると考えられます。なぜなら，労働者は実質賃金を確保するためにインフレ率に等しい賃金上昇を要求しますし，企業はこれらの賃金上昇を価格に転嫁することを期待して，賃金上昇に応じるからです。それゆえ，失業率 U が U_n に等しいなら，現実のインフレ率 π_0 は期待インフレ率 π_0^e に等しくなります。さらにここでは，失業率と賃金に関してすでにみたような関係が成り立ちます。すなわち，失業率 U が自然失業率 U_n を上回る場合には，賃金上昇率は π_0^e より低く，ゆえに現実のインフレ率も π_0 以下に低下することになります。逆に，U が U_n を下回る場合には，賃金は π_0^e よりも高い率で上昇し，したがって現実インフレ率も π_0 より高くなります。このことから，インフレ率と失業率の関係は図19-2の $\pi_0 = \pi_0^e$ の線のようになります。

オークンの法則　次に，失業率と GDP ギャップの間には，失業率が高いほど現実産出量と潜在産出量とのギャップが大きいという関係があります。すなわち，

$$U - U_n = -\beta (Y - Y_f) \qquad \cdots\cdots ②$$

という関係が成り立ちます。この②式は，GDP ギャップと失業率の間には相関関係がみられるというオークンの法則の一形式を示すものです。そこで，②式を①式に代入しますと，

$$\pi = \pi^e + \alpha\beta (Y - Y_f) \qquad \cdots\cdots ③$$

を得ます。この③式において，$\alpha\beta$ はプラスの定数ですから，π^e と Y_f を一定

図19-3 インフレ供給曲線

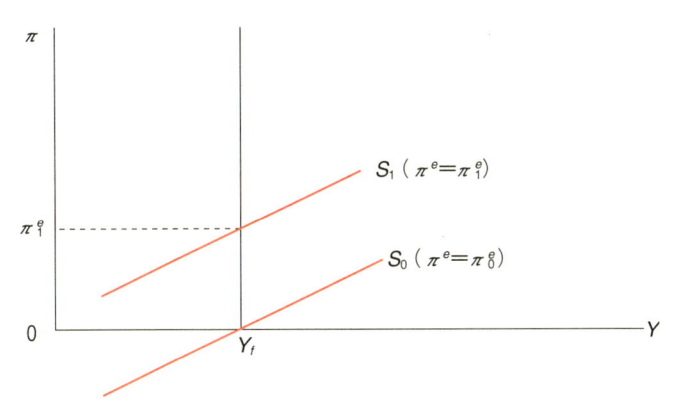

とすれば，この式はπとYの関係が右上がりの曲線で示されることを意味しています。これがインフレ供給曲線です。$\pi^e = \pi_0^e$とした場合のインフレ供給曲線は図19-3のS_0曲線となります。

インフレ供給曲線におけるインフレ率πと国民所得Yの間の関係は次のように図式化できます。

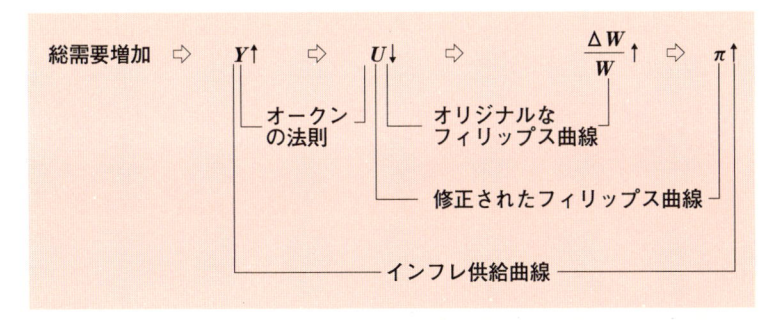

総需要増加 ⇒ $Y\uparrow$ ⇒ $U\downarrow$ ⇒ $\dfrac{\Delta W}{W}\uparrow$ ⇒ $\pi\uparrow$

- オークンの法則
- オリジナルなフィリップス曲線
- 修正されたフィリップス曲線
- インフレ供給曲線

こうして求められたインフレ供給曲線は，図19-3に示されるように期待インフレ率π^eがπ_1^eに上昇すると，S_1へと上方にシフトすることになります。

インフレ需要曲線

インフレ需要曲線は，物価上昇率 π と総需要 Y の関係を表す曲線です。この曲線は総需要の側からみた GDP（Y）と物価の関係を表す総需要曲線（AD 曲線）をもとにして導出することができます。

　物価を一定とした場合，AD 曲線がシフトして GDP が増加するのは，（1）実質貨幣供給量 $\frac{M}{P}$ の増加，（2）政府支出の増加，によると考えることができます。AD 曲線のシフトの度合は，実質貨幣供給量の増加率が大きいほど，また政府支出増加率が大きいほど大きくなります。さらに，AD 曲線をシフトさせる第3の要因として，（3）期待インフレ率 π^e の上昇があります。これは，総需要の構成要素の1つである投資需要が実質利子率に依存することに関係しています。企業が投資をする場合，名目利子率ではなく実質利子率に依存しますので，期待インフレ率が上昇すると実質利子率が低下し，投資が増加すると考えられます。ゆえに，期待インフレ率の上昇を要因の1つに加えることができます。

　ここで，実質貨幣供給の増加率は，名目貨幣供給の増加率 $\frac{\Delta M}{M}=m$ と物価上昇率 $\frac{\Delta P}{P}=\pi$ の差（$m-\pi$）で表すことができますし，政府支出増加率は $\frac{\Delta G}{G}=g$ で表されます。そこで，所得の増加 ΔY の大きさは，上記の（1），（2），（3）に依存しますので，

$$\Delta Y = f(m-\pi) + rg + \theta \pi^e \qquad \cdots\cdots ④$$

となります。ここで，ΔY は今期の所得 Y と前期の所得 Y_{-1} の差ですから，$\Delta Y = Y - Y_{-1}$ を④式に代入しますと，

$$Y - Y_{-1} = f(m-\pi) + rg + \theta \pi^e \qquad \cdots\cdots ⑤$$

より，

$$Y = Y_{-1} + f(m-\pi) + rg + \theta \pi^e \qquad \cdots\cdots ⑥$$

が得られます。⑥式で，f は実質マネーサプライの増加がどれだけ GDP を増

図19-4 インフレ需要曲線とそのシフト

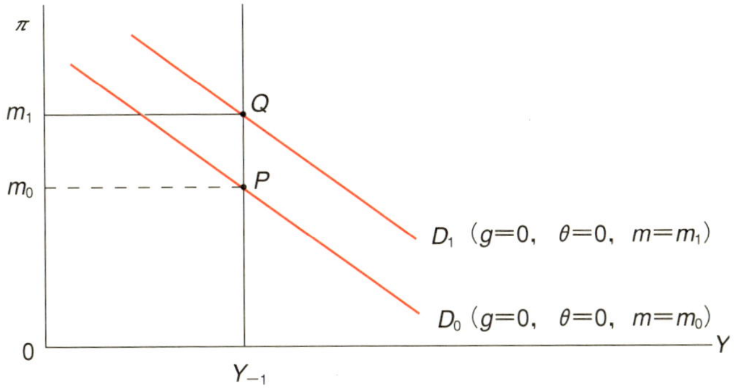

[図: 縦軸 π、横軸 Y。右下がりの2本の曲線 D_0 ($g=0$, $\theta=0$, $m=m_0$) と D_1 ($g=0$, $\theta=0$, $m=m_1$)。点 P は (Y_{-1}, m_0)、点 Q は (Y_{-1}, m_1)。]

加させるかを表す貨幣乗数であり，r は政府支出増加がどれだけ GDP を増やすかを示す政府支出乗数です。θ は期待インフレ率が総需要をどれだけ増やすかを示す正の数です。この⑥式より，今期の総需要は，（1）前期 GDP，Y_{-1}，（2）実質マネーサプライの増加率 $m-\pi$，（3）政府支出増加率 g，（4）期待インフレ率 π^e の4つの要因によって決まることがわかります。さらに，この要因のうち，Y_{-1} は前期の値ですから，今期 GDP の大きさをみる場合には，先決変数として今期では不変となります。

実質マネーサプライの増加率 $m-\pi$ については物価上昇率 π が経済活動そのものによって決まりますから，政策によってコントロールできるのは，名目マネーサプライ増加率 m だけとなります。期待インフレ率も直接にはコントロールできませんので，政策当局がコントロールできるのは，m と g ということになります。

インフレ需要曲線　ここで，前期所得 Y_{-1}，名目マネーサプライの増加率 m，政府支出増加率 g を所与とし，さらにインフレ期待の変化が総需要に与える影響も無視できる（すなわち，$\theta=0$）としますと，⑥式からわかりますように，インフレ率 π が高いほど総需要 Y は小さくなります。この π と Y の関係を示す曲線がインフレ需要曲線です（図19-4）。

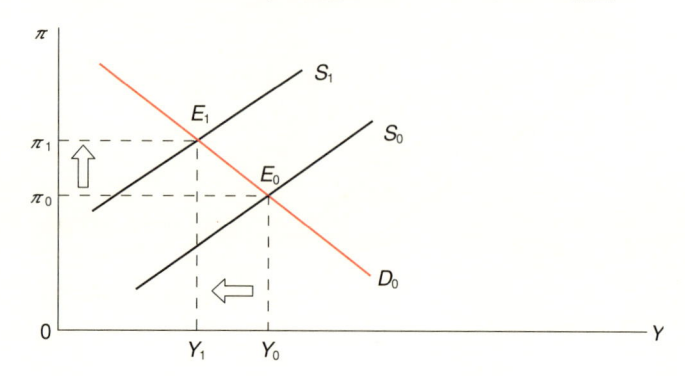

図19-5 インフレ率の決定とスタグフレーションの発生

ここで、$g=0$、$\theta=0$として、$m=\pi$と仮定しますと、$Y=Y_{-1}$となりますので、インフレ需要曲線は図19-4においてP点を通るD_0線となることがわかります。インフレ率πが名目マネーサプライの増加率mに等しいときには、実質貨幣残高に変化がないために、総需要も変化しないということです。g、m、Y_{-1}のいずれかが増大しますと、インフレ需要曲線は上方にシフトすることになります。たとえば、名目マネーサプライの成長率がm_0からm_1に高まりますと、インフレ需要曲線は上方にシフトし、Q点を通る線となります。

インフレ率の決定

インフレ供給曲線とインフレ需要曲線を用いて短期におけるインフレ率πと産出量Yの水準を決定することができます。図19-5に示されるように、インフレ供給曲線とインフレ需要曲線の交点E_0において、今期のインフレ率π_0と産出水準Y_0が決定されます。

スタグフレーション この図19-5において、たとえば期待インフレ率の上昇によってインフレ供給曲線がS_0からS_1にシフトしたとしましょう。その結果、インフレ需要曲線との交点はE_0からE_1に移行し、産出水準はY_0からY_1に

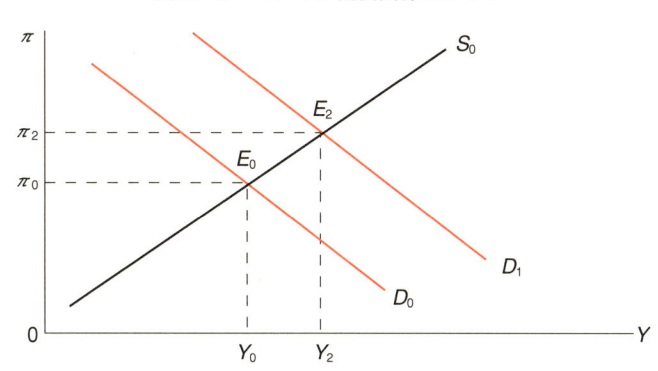

図19-6 インフレ需要曲線のシフト

低下し，インフレ率はπ_0からπ_1へと上昇します。このとき，ここには物価上昇と産出量減少が併存するという意味で，**スタグフレーション**が生じているということができます。

一方，何かの理由でインフレ需要曲線がシフトする場合，図19-6に示されるように均衡点はE_0からE_2に移動し，インフレ率も産出水準もともに上昇することになります。インフレ需要曲線のシフトはm，gによって生じますので，これらの要因の変化が大きいほど短期におけるインフレ率の変化は大きくなります。

合理的期待仮説と経済政策

合理的期待仮説と金融政策の有効性　　インフレ供給曲線とインフレ需要曲線を使ったマクロ経済分析についての説明の最後として，**合理的期待形成理論**をマクロ経済分析に応用して，ケインズ的財政・金融政策の有効性を否定する合理的期待仮説の考え方をみておきます。これはロバート・ルーカスやトーマス・サージェントといった人たちによって主張されたもので，「合理的期待形成が行われるとき，ケインズ的有効需要政策は短期的にも，長期的にも無効である」というものです。

まず，**合理的期待**とは何かをみておきます。これは市場経済においては各経

図19-7 合理的期待と金融政策

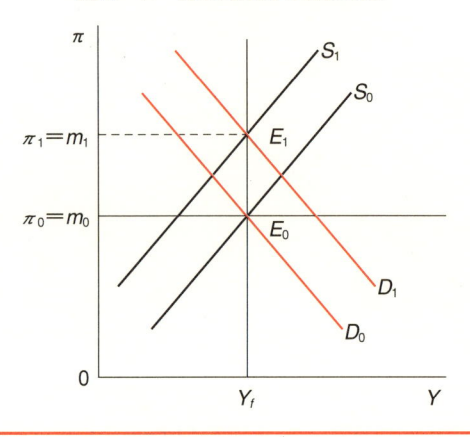

済主体は利用可能なあらゆる情報を活用して予想を立てるということです。このように合理的に期待が形成されるとすれば，人々の期待に関する主観的確率は経済モデルから導かれる客観的確率分布と一致し，その平均値（数学的期待値）はそれらの変数の予想値に等しくなるということです。このことは，経済政策に関しても人々は政府の政策戦略をよく知っているために，政策当局はもはや人々を欺いたり出し抜いたりできないことを意味することになります。ここから，財政・金融政策はそれが予測されなかったものでないかぎり実質的な効果をもたないという結論が導かれることになります。これは，図によって説明することができます。

いま，図19-7において，インフレ供給曲線 S_0 とインフレ需要曲線 D_0 の交点 E_0 でインフレ率と産出量が π_0, Y_f に決まっているとします。このとき，貨幣供給量増加率は m_0 であり，期待インフレ率も π_0 の水準にあります。ここで，政策当局が貨幣供給量増加率を m_0 から m_1 へと増加させたとします。m の増加はインフレ需要曲線を D_0 から D_1 へとシフトさせますが，一方人々が貨幣量増加に対する合理的期待により，期待インフレ率を π_0 から π_1 へと上昇させるために，インフレ供給曲線も S_0 から S_1 へとシフトすることになります。その結果，新たな均衡点は E_1 となりますので，実質産出量 Y_f は変化しないと

いうことになります。ゆえに，こうした金融緩和政策は短期的にもインフレ率を上昇させるだけで，実質的効果はないということになります。

こうした合理的期待モデルにおいて，現実の産出量が均衡産出量水準 Y_f から乖離する可能性があるのは，（1）予期されない外生的ショックが生じた場合，（2）政策当局が民間経済主体を欺き，彼らの期待に誤りを生じさせた場合，の2つです。このうち，（1）の撹乱要因は政策当局のコントロールの及ばないものですから，政策効果の議論には入らないものです。（2）については，人々が政策当局のこうした行動様式を期待形成に組み込むことになれば，政策当局がこうしたやり方で持続的に実質的効果を与えることは不可能となると考えられます。また，人々を欺くことが果たして経済政策とよべるかどうかという疑問もあります。

合理的期待形成学派の人たちは，こうした考え方から，ケインズ的な裁量政策の有効性に批判的な立場をとっています。ただし，この合理的期待形成学派のように，家計や企業といった経済主体が政府の政策内容やその結果について完全な情報をもっているという仮定は現実的ではありません。実際には，民間経済主体の情報は不完全です。それゆえ，合理的期待に基づく政策効果の説明には無理があるといわざるをえません。

しかしながら，人々は何らかの経済行動をとる場合に，将来を予想し，期待を形成するというのも事実です。政府の政策についても，人々はその効果や結果を予想して行動しますので，その結果，政策効果が減殺される場合もあります。このように，経済活動における期待の役割に注目するという点では，合理的期待形成学派の考え方も重要であるといえます。

第6部 循環と成長

漢字と国語問題

20　景　気　循　環

景　気　循　環

経済活動は時間の経過とともに変化していきます。国民所得，産出量，雇用量，物価といった経済変数を時間的に観察すると，それらがいろいろに変化していくことがわかります。

　たとえば，国内総生産（GDP）の動きをみると，年々ある率で成長する傾向があることがわかります。また，政治状況の変化や戦争，天災といった経済外的要因の変化によっても，生産量，物価，売上高などが影響を受けます。そうしたなかで，以下に述べるように，一定の期間をもって周期的変動を示すものがあります。これを**景気循環**といいます。ここでは，この景気循環の問題をみていきます。

景気循環図　　景気循環という現象の重要な特徴は，その規則的な変動にあります。すなわち，景気の上昇と下降が繰り返し生ずるということです。この循環的変動を描いたのが**景気循環図**です（図20-1）。

　図20-1において，a点とd点は景気の上方転換点であり，山とよばれます。一方，b点は景気の下方転換点で，谷とよばれます。山から谷までは景気の下降期で，これは景気の後退局面と収縮局面とからなります。また，谷から山までは景気の上昇期で，回復局面と拡張局面に二分されます。景気循環のワン・サイクルあるいは1循環の周期とは，山から山，あるいは谷から谷までの期間のことをいいます。

景気循環の周期　　景気循環はその周期の長さによって，いくつかの型に区分

図20-1　景気循環図

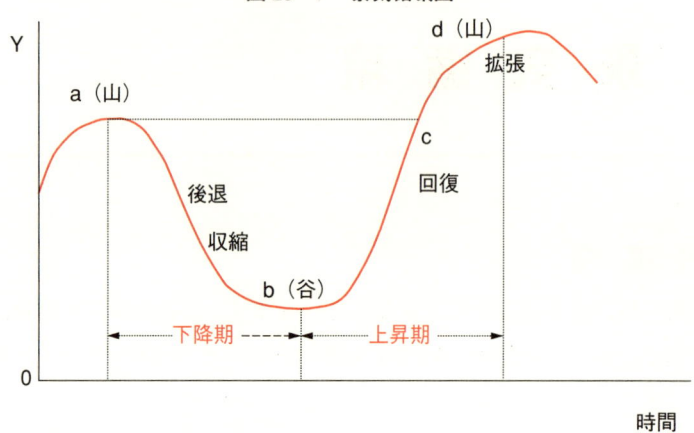

されます。

主循環：周期9年から10年の循環を主循環といいます。これは企業の設備投資の変化によって生じるものです。この循環は発見者のクレマン・ジュグラーの名をとって**ジュグラーの波**ともよばれます。

小循環：周期40ヵ月にいたる循環を小循環といいます。これは利子率，物価，生産量などにみられ，その原因は在庫投資の変化に起因すると考えられます。これは，2人の発見者の名をとって**キチンの波**，あるいは**クラムの波**といわれます。

建築循環：周期18年から20年の循環を建築循環といいます。この循環は建築活動によって生み出されます。これは，クズネッツによって確認されています。

　これら3つの循環を引き起こす主要な原因は，投資の変化です。すなわち，景気循環を引き起こすものは，設備投資，在庫投資，建築投資の変化です。さらに，これらの循環とは別に，次のような非常に長期の波動も確認されています。

長期波動：54年から60年を周期とする長期の景気循環を**コンドラチェフの波**といいます。第1の波は1780年末から1850年初めにかけてのイギリスの産業革命に起因しています。第2波は1850年初めから1890年末にかけての鉄道の発達に

よって起こり，第３波は1890年初めから1920年代の電力・自動車工業の出現によって発生したといわれています。長期波動の原因を技術革新に求めるシュンペーターの理論が一般的です。

複合循環　　景気循環の周期は，以上のように分類されますが，一番短いキチンの波と長期波動の間には大きな差があります。したがって，より長い循環のなかに，同時に短い循環がいくつか存在することになります。

　すなわち，長期波動のなかに，通常２〜３個のクズネッツの波が存在し，クズネッツの波のなかに２個のジュグラーの波が存在します。そして，ジュグラーの波のなかに３個のキチンの波が含まれます。つまり，長期波動であるコンドラチェフの波を頂点に，そのなかに中期・短期の循環がピラミッド状に並んでいるということです。これを**複合循環**といいます。

　景気循環を考えるときに重要なことは，複合循環の中身です。すなわち，長期循環と短期循環の上昇期が重なっている場合は，好況は長くかつ力強いものになると考えられます。反対に，長期循環の下降期にある場合には，好況は短く，かつ弱々しいものであり，不況は長期でかつ深刻になるとみられます。

景気循環理論

伝統的景気循環理論　　現代の景気循環の理論は，ケインズの『一般理論』以後に展開されたものですが，それ以前にも景気循環を説明する理論がいくつか展開されています。

　代表的なものとしては，（１）ホブソンの過少消費説，（２）シュピートホフやツガン＝バラノフスキーによる財貨的過剰投資説，（３）ハイエク，ミーゼスによる貨幣的過剰投資説，（４）ホートレーの貨幣的景気理論などがあります。

　これらの伝統的景気理論は，主にミクロ的分析に注意を集中していたために，景気循環のすべての局面を体系的に説明することはできませんでした。それはケインズ以前の伝統的理論が，マクロ的には完全雇用の状態を想定してい

たためです。

　これに対して，ケインズ以後の循環理論は，ケインズの乗数理論を有力な分析手段として，メカニカルな循環運動の説明を展開しています。

　現代景気循環論の代表的なものは，乗数と加速度原理によるサミュエルソンの景気循環論です。そこでまず，加速度原理を確認しておきます。

加速度原理　　完成財に対する需要が増大すると，その需要に対して資本財の投資が求められますが，加速度原理とは，この所得の増加が投資を誘発することを定式化した理論のことをいいます。

　もし，資本財の新投資が完成財に対する消費の時間的変化に依存するとすれば，新投資 (I_t) は，

$$I_t = \beta(C_t - C_{t-1})$$

として表せます。このとき，β は $\dfrac{I_t}{\Delta C}$ ($\Delta C = C_t - C_{t-1}$) のことであり，消費増加に対する誘発投資の割合を示しています。この係数を**加速度係数**といいます。

乗数と加速度原理の統合　　乗数理論によれば，投資の増加 (ΔI) は乗数 (k) を媒介にして所得を増加 (ΔY) させます。所得の増加は限界消費性向 (c) を介して消費の増加 (ΔC) をもたらし，さらに消費の増加は加速度係数 β を通して投資の増加を生み出します。これが，乗数と加速度原理により起こるメカニズムです。

　サミュエルソンのモデルは，I_a を独立投資，I_i を誘発投資とすると，次のようになります。

$$Y_t = C_t + I_i + I_a \quad \cdots\cdots ①$$
$$C_t = cY_{t-1} \quad \cdots\cdots ②$$
$$I_i = \beta(C_t - C_{t-1}) \quad \cdots\cdots ③$$

①式に②式と③式を代入しますと，

$$\begin{aligned}Y_t &= cY_{t-1} + \beta(C_t - C_{t-1}) + I_a \\ &= cY_{t-1} + \beta(cY_{t-1} - cY_{t-2}) + I_a \quad (C_{t-1} = cY_{t-2}) \\ &= cY_{t-1} + c\beta Y_{t-1} - c\beta Y_{t-2} + I_a \\ &= c(1+\beta)Y_{t-1} - c\beta Y_{t-2} + I_a\end{aligned}$$

となります。これが，サミュエルソンの景気循環モデルです。

数値例　次に，このモデルに具体的な数値を入れてみましょう。いま，限界消費性向 (c) $=0.8$，加速度係数 (β) $=2$，独立投資 (I_a) $=10$兆円とし，1期のときは$t=1$となりますので，tにすべて1を代入すると，第1期目の所得水準 Y_1 は，

$$\begin{aligned}Y_1 &= 0.8(1+2)Y_{1-1} - 0.8 \times 2 \times Y_{1-2} + 10 \\ &= 2.4Y_0 - 1.6Y_{-1} + 10\end{aligned}$$

となります。ここで，Y_0 も Y_{-1} の水準も不明ですから，仮にゼロと考えますと，$Y_1 = 10$兆円となります。

第2期目も同じ要領で計算すると，次のようになります。

$$\begin{aligned}Y_2 &= 2.4Y_1 - 1.6Y_0 + 10 \\ &= 2.4 \times 10 - 0 + 10 \quad (Y_0 = 0 \text{から}) \\ &= 34 \text{（兆円）}\end{aligned}$$

第3期目も同様に計算すると，

$$\begin{aligned}Y_3 &= 2.4Y_2 - 1.6Y_1 + 10 \\ &= 2.4 \times 34 - 1.6 \times 10 + 10 \\ &= 81.6 - 16 + 10 \\ &= 75.6 \text{（兆円）}\end{aligned}$$

となります。同様の計算を次々と繰り返していけば，所得変動の経路をフォローすることができるということです。

リアル・ビジネス・サイクル理論

ケインズ理論にもとづく景気循環理論は，乗数と加速度原理の理論に代表されるように，総需要の変動が経済変動をもたらすというものです。こうした標準的な景気循環論に対して，景気循環の主たる原因は需要変動よりも実質的な供給側の変動にあるというのが最近注目されている**リアル・ビジネス・サイクル理論**です。

リアル・ビジネス・サイクル理論は，賃金や価格が伸縮的な市場を前提として，技術革新が雇用および産出量に及ぼす影響を重視します。それゆえ，これは古典派経済学の立場に立った景気循環論ということができます。

TS 曲線と TD 曲線　そこで，賃金と価格の伸縮性を前提とするリアル・ビジネス・サイクル理論について説明していきます。

まず，生産要素としての労働者の労働供給に関して，インセンティブは賃金率の水準であって，賃金率が高ければ長時間労働に耐え得ると考えることができます。一方，賃金率が低ければ，長時間労働を拒否するどころか，働くことさえ拒否することもあると仮定しておきます。

そこで，今期の賃金率を W_1，来期の予想賃金率を W_2，実質利子率を i_r としますと，$(1+i_r)\dfrac{W_1}{W_2}$ が 2 期間における相対賃金率になります。ここで $(1+i_r)W_1$ は今期に W_1 で働けば来期の所得は $(1+i_r)W_1$ になるということです。

このことから，利子率が高いほど，また今期の賃金率が来期の予想賃金率より高いほど，労働供給を増加させることになります。一方，来期の予想賃金率の方が今期の賃金率より高かったり，利子率が低かったりしますと，労働者は働くことより，余暇に多くの時間を使うようになると考えられます。以上のことから，賃金率の引き上げや，利子率の引き上げは労働供給増加へのインセンティブになり，それが雇用増や産出増をもたらすといえます。

利子率の上昇は労働供給を増加させ，労働供給の増加は所得を増加させますから，実質利子率と国民所得の間に図20-2に示されるような右上がりの**総実質供給曲線**（TS 曲線）を描くことができます。

図20-2 リアル・ビジネス・サイクル理論

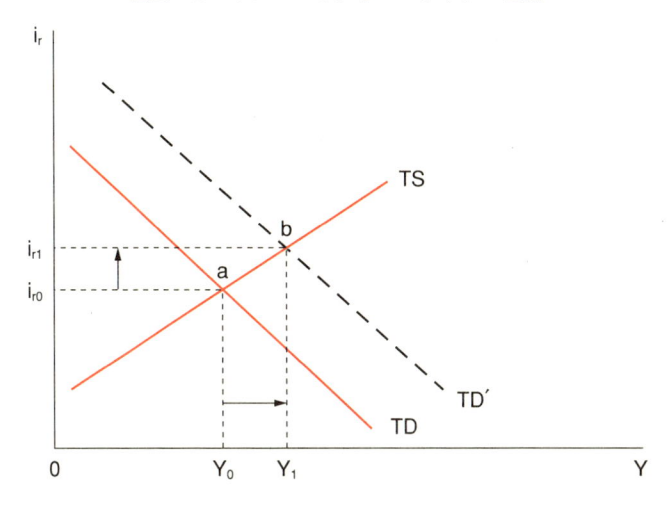

一方，賃金・価格の伸縮性を前提としますと，労働市場の均衡から完全雇用の水準で雇用量が決まり，それに対応して生産関数を通じて完全雇用水準でのGDPが決まります。そこで，TS曲線に対する**総実質需要曲線**（TD曲線）は，IS-LM分析から求められる総需要曲線（AD曲線）と同じような形で求められることになります。すなわち，物価上昇は実質利子率の低下を通じて国民所得を増加させるということから，図20-2に示されるように，実質利子率と国民所得の間に右下がりの曲線が描けます。

TD曲線とTS曲線により実質利子率i_{r0}と均衡産出量Y_0が決定されます。さらに，民間投資や政府支出の増加などがありますと，利子率は上昇（$i_{r0} \to i_{r1}$）しますから，労働者は労働供給を増加させて，産出量もY_0からY_1へと拡大します。つまり，価格の伸縮性が前提となっている世界であることから，異時点間代替を通じて，TD曲線はTD′へと右方にシフトします。

リアル・ビジネス・サイクル理論 　いま，IT革命によってTDやTSにどのような変化が起きるのかを図20-3にもとづいて明らかにしてみましょう。

図20-3　IT革命とTD・TSのシフト

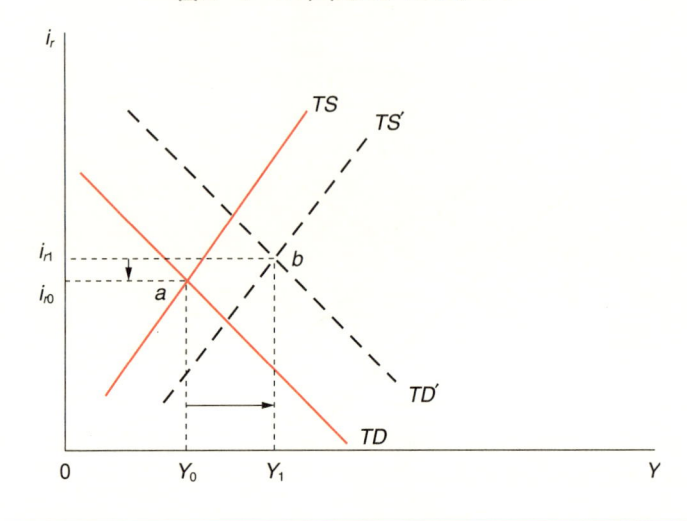

まず、コンピュータ・テクノロジーによって、財・サービス供給は増加しますから、TS 曲線は右へシフトします。他方、コンピュータ・テクノロジーが利用可能となる財・サービス需要の増加から、TD 曲線は右へシフトします。

このとき、テクノロジー・ショックが需給に与える効率が需要＞供給のときは TD 曲線のシフト幅の方が TS 曲線のシフト幅より大きいため、実質利子率の上昇程度は小さいのに対して、産出高への効果は大きく発生します。

これに対して、需要＜供給のときには TS 曲線の右方へのシフト幅が TD 曲線の右方へのシフト幅より大きくなるために、産出高は増加しますが実質利子率は低下することになります。こうして、リアル・ビジネス・サイクル理論は技術の改良や技術の退歩が雇用や産出量を変動させて景気拡大や景気の後退をもたらすと考えているわけです。

景気動向指数

現実の経済活動において景気循環を捉えようとする場合には、これを統計的に把握する必要があります。そのひとつに景気動向指数があります。この指数は

表20-1　景気動向指数

系　　列　　名		
先行系列	1	最終需要財在庫率指数（逆サイクル）
	2	原材料在庫率指数（製造業）（逆サイクル）
	3	新規求人数（除学卒）
	4	実質機械受注（船舶・電力を除く民需）
	5	建築着工床面積（商，鉱工業，サービス）
	6	新設住宅着工床面積
	7	新車新規登録・届出台数（乗用車）
	8	日経商品指数（17種）
	9	マネーサプライ（M_2＋CD）
	10	投資環境指数（製造業）
	11	中小企業業況判断来期見通し（全産業）
一致系列	1	生産指数（鉱工業）
	2	原材料消費指数（製造業）
	3	大口電力使用量
	4	稼働率指数（製造業）
	5	所定外労働時間指数（製造業）
	6	投資財出荷指数（除輸送機械）
	7	百貨店販売額
	8	商業販売額指数（卸売業）
	9	営業利益（全産業）
	10	中小企業売上高（製造業）
	11	有効求人倍率（除学卒）
遅行系列	1	最終需要財在庫指数
	2	原材料在庫指数（製造業）
	3	常用雇用指数（製造業）
	4	実質法人企業設備投資（全産業）
	5	家計消費支出（全国勤労者世帯，名目）
	6	法人税収入
	7	完全失業率（逆サイクル）
	8	国内銀行貸出約定平均金利

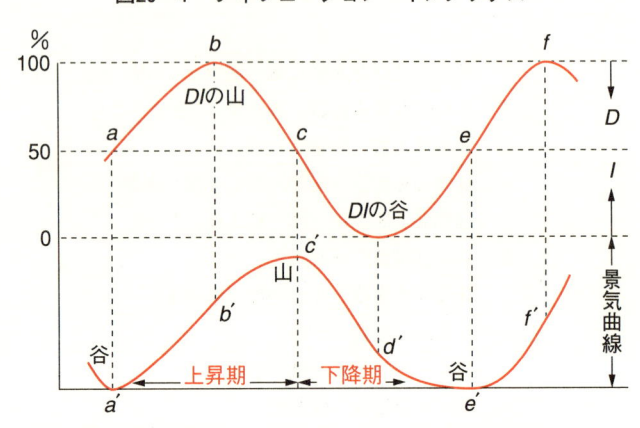

図20-4 ディフュージョン・インデックス

景気の方向を読むためのものです。さらに，景気基準日付の決定に使われる指数でもあります。

　経済企画庁が毎月公表している景気動向指数を**ディフュージョン・インデックス**といいます。1996年の採用系列の見直しで，先行系列が2つ削除され，先行系列11種，一致系列11種，遅行系列8種の30系列からなっています（表20-1）。

　先行系列は景気に数か月先行して動く系列であり，一致系列は景気に一致して動く系列，遅行系列は半年から1年遅れて動く系列です。景気指標は価格表示されたもの，数量表示されたもの，さらには指数表示されたものと，各種データからなっているために単純に合計したりすることはできません。そこで，ある指標の月次別データを月ごとに比較するのではなく，ある月の景気変化が3か月前と比較してよい方向に変化したときはプラス，悪い方向に変化したときはマイナス，変化しなければゼロとします。すべての指標にこうした作業を行ったあと，プラスは1点，マイナスは0点，ゼロ（保合い）は0.5点とし，月別にすべての指標を合計し，加重平均を求めます。

　以上の作業が完了したら縦軸の中央に50％の目盛りをとり，月ごとに座標をとっていくと1つの曲線が得られます（図20-4）。このDIが50％の場合は経

済活動の上昇と下降がバランスしていることを意味しますから，**景気の転換点**といいます。図のカーブが50％ラインを左上から右下へ切る点は景気上昇から下降へと転換する時にあたりますから**景気の山（ピーク）**といいます。さらに50％ラインを左下から右上へ切る点は，景気の下降から上昇へと転換する点になりますので，この点を**景気の谷（ボトム）**といいます。このように，一致系列あるいはすべての系列が2〜3か月連続して50％ラインを上回ったり下回ったりすると，景気が反転していることを意味します。

　DI の割合が多いか少ないかは，景気回復や景気後退の度合を示しているものではありません。たとえば，すべての系列が3か月前に比較して上向いていれば，DI は100％になってしまいます。だからといって，景気の回復の度合が高まったと判断できません。つまり，DI は景気が上向いているか，下向いているかだけを教えてくれるものにすぎません。

21　経済成長

経済成長の理論

経済成長の要因　経済活動の規模は，一般的に年々拡大していきますが，これを**経済成長**といいます。

経済成長の具体的な指標となるのは，実質国民所得の増大であり，成長の大きさはこの実質国民所得の伸び率，すなわち経済成長率によって示されます。わが国の経済成長率をみますと，表21-1のような数値となっています。

経済成長を可能にする基本的な要因としては，次のものがあります。

(1) 有効需要の増大
(2) 資本蓄積の増大
(3) 利用可能な生産要素の増大
(4) 技術進歩

ケインズ理論の長期化　これまで，マクロ経済理論はケインズの所得決定論をベースにして展開されてきました。すでにみましたように，ケインズ理論は，短期分析の仮定のもとに有効需要の理論を中心に展開されてきました。つまり，それは経済成長の要因のうち，上記の要因(2)，(3)，(4)を所与として，(1)を取り扱おうとしたものであり，資本蓄積や生産要素の増大などは長期の問題として考察の対象外に置かれました。

しかし，現実の経済においては，年々労働人口は増加し，投資による資本蓄積が生産能力を高めていきます。つまり，投資は有効需要を増大させるとともに，生産能力も増加させます。そこで，経済が需給のバランスを保って成長していくためには，投資による需要増加と生産能力増大とがバランスする必要が

表 21-1　実質経済成長率

あります。

こうした観点から、投資による生産力の増加を考慮してケインズ理論を長期化したのが、ドーマーとハロッドの成長論です。

ドーマーの成長理論

投資の二重効果　ケインズの有効需要の理論は資本ストックが一定という短期モデルであり、そこでは投資需要は所得を創出する効果があるという側面、すなわち乗数効果のみが考えられていました。しかし、投資には生産能力を増加させ、供給量を増大させる効果（生産能力効果）もあります。投資需要は、一定期間を経過すれば資本設備の増加となり、生産能力を増大させるからです。この投資需要の乗数効果と生産能力効果は、**投資の二重効果**といわれています。

ドーマーは、投資の二重効果を理論的基礎にすえて、投資が増加するにつれて需要と生産能力の両者が拡大するとすれば、資源の完全雇用を維持するためには需要と生産能力が同じ比率で増大しなければならないことを明らかにし、そのための条件を示しました。

均衡成長の条件　投資の増大は，一方において需要面から乗数効果を通じて，需要と現実の生産量（Y）を拡大させます。すなわち，所得の有効需要創出効果は，乗数理論に従って次のように示されます。

$$\Delta Y = \frac{1}{s} \cdot \Delta I \qquad \cdots\cdots ①$$

ここで，$\frac{1}{s}$ は投資乗数を表し，ΔY と ΔI は所得と投資の単位期間あたりの増加分を表しています。この場合，有効需要の増加による所得創出効果は，投資の絶対水準ではなく，その増加分に依存していることに注意する必要があります。

また，投資は供給面において生産能力創出効果をもちますから，生産可能供給量の増大を示す産出拡大係数を σ とすれば能力産出額（Y_f）は，

$$\Delta Y_f = \sigma I \qquad \cdots\cdots ②$$

となります。つまり，ある期間における資本ストックの増加 ΔK は，それに一定の産出係数を乗じただけ社会の生産能力を増大（ΔY_f）させることになります。ここで，単位期間における資本ストックの増加 ΔK は，その期間の投資 I ですから，$\Delta Y_f = \sigma \Delta K = \sigma I$ となるということです。

資本と労働の完全雇用均衡を維持しながら経済が均衡的に拡大するためには，すなわち投資の二重効果が均衡を保つためには，生産されたものがすべて需要されなければなりません。そのための均衡条件は，

$$\Delta Y = \Delta Y_f \qquad \cdots\cdots ③$$

となります。この③式に①，②式を代入して整理すれば，

$$\frac{\Delta I}{I} = \sigma s \qquad \cdots\cdots ④$$

となります。すなわち，投資の成長率 $\left(\frac{\Delta I}{I}\right)$ が σs の率で成長するときのみ資本と労働の完全雇用，つまり均衡成長が達成されることになります。これが，ドーマーによる均衡成長の条件式です。

不均衡状態　ところで，現実の成長率が均衡成長率から乖離した場合はどうなるのでしょうか。

(ⅰ) $\dfrac{\Delta I}{I} < \sigma s$ の場合

このときには $\dfrac{1}{s}\Delta I < \sigma I$，つまり，$\Delta Y < \Delta Y_f$ ですから，生産能力の増加（ΔY_f）が有効需要の増加（ΔY）を上回り，過剰設備をかかえる不況の状態に陥ります。過剰設備の存在は企業家の投資意欲を減退させ，有効需要の減少へと導くことになります。ところが，純投資（I）がプラスであれば生産能力が増大しつづけることになりますから，生産能力と有効需要の乖離はますます大きくなります。

(ⅱ) $\dfrac{\Delta I}{I} > \sigma s$ の場合

このとき，$\dfrac{1}{s}\Delta I > \sigma I$，つまり $\Delta Y > \Delta Y_f$ ですから，有効需要の増加が生産能力の増加を上回り，インフレが発生します。資本不足の状態であるため，企業家の投資意欲は強まり，累積的にインフレ圧力が発生することになります。

このように，ドーマーの成長論では，いったん均衡からはずれると，不均衡は拡大する方向に向かうことになります。これを**アンティノミー理論**といいます。

ハロッドの成長論

ハロッド・モデル　ドーマー・モデルは，所得の均衡成長率が産出係数 σ と貯蓄性向 s によって決まり，投資の成長率がこれに等しくなるとき，均衡成長が達成されるというものでした。

ところが，これによって規定される投資の均衡成長率は，現存資本ストックが正常に利用されるために必要な成長率であって，現実のそれではありません。そこで，資本ストックの完全利用のもとでの経済成長率と現実の成長率と

を区別し，さらに労働人口の増加と技術進歩率によって規定される成長の上限を考慮し，3つの成長率の概念を用いて，経済の成長と循環の関係を分析したのが，ハロッドによる成長モデルです。

現実成長率　ハロッドは，ケインズの所得決定論をベースにして成長論を展開しています。いま，ケインズの均衡所得の条件式 $S=I$ を国民所得 Y で割りますと，

$$\frac{S}{Y} = \frac{I}{Y} \qquad \cdots\cdots ⑤$$

となり，さらに右辺に $\frac{\Delta Y}{\Delta Y}$（=1）を掛けて変形しますと，次のようになります。

$$\frac{S}{Y} = \frac{I}{\Delta Y} \cdot \frac{\Delta Y}{Y} \qquad \cdots\cdots ⑥$$

ここで，$\frac{S}{Y}$ は貯蓄率であり，これを s とします。$\frac{I}{\Delta Y}$ は，生産量を ΔY だけ増加させるのにどれだけの資本ストックの増加 ΔK（=I）が必要かを表します。これを**現実資本係数**といいます。ハロッドはこの $\frac{I}{\Delta Y}$ を C で表します。$\frac{\Delta Y}{Y}$ は現実の成長率であり，これを G で示します。そこで⑥式は次のようになります。

$$GC = s \qquad \text{あるいは} \qquad G = \frac{s}{C} \qquad \cdots\cdots ⑦$$

これがハロッドの**現実成長率**です。

保証成長率　現実成長率とは別に，企業に利潤極大を保証する所得増加分を ΔY_u としますと，その成長率は，

$$\frac{\Delta Y_u}{Y} \qquad \cdots\cdots ⑧$$

となります。これを**保証成長率** G_w といいます。さらに，資本を完全利用しつつ極大利潤を生み出すのに必要とする資本量 I_r と所得増分 ΔY_u の割合を C_r

とすると，

$$C_r = \frac{I_r}{\Delta Y_u} \qquad \cdots\cdots ⑨$$

となります。この C_r を **必要資本係数** といいます。そこで，

$$G_w C_r = s \quad あるいは \quad G_w = \frac{s}{C_r} \qquad \cdots\cdots ⑩$$

となります。

不安定性原理　もし，現実成長率と保証成長率が一致（$G=G_w$）するならば，現実の成長率が企業の利潤極大を保証するので，企業家は自ら行う投資行動に満足している状況にあります。しかし，実際には G と G_w が一致する保証はありません。不一致の場合，経済はどうなるでしょうか。

G と G_w が不一致の場合には，⑦式と⑩式より，C と C_r が次のような関係になります。すなわち，

(1)　$G>G_w$ の場合　$C<C_r$ となります。

(2)　$G<G_w$ の場合　$C>C_r$ となります。

(1)の場合，現実の資本係数 C が必要資本係数 C_r に達しないので，企業家は資本不足を感じて投資を拡大します。投資の増大は乗数効果によって所得の現実成長率 G を高めますので，$G>G_w$ の乖離幅はますます大きくなります。

これは，企業が予想していた以上に生産物が売れ，在庫も不足している状態です。そこで企業は生産を増加させるために，資本設備，在庫の増大を図ります。これがますます G を増大させることになるということです。

(2)の場合，現実の資本係数が必要資本係数を上回っており，資本設備が過剰となっています。そこで，投資の拡大は停止し，所得が低下することによって G が低下しますので，$G<G_w$ のギャップはさらに拡大することになります。

これは，生産物が予想しただけ売れず，売れ残りが生じる状態です。この場合，企業は生産を抑制せざるを得ませんので，G はさらに小さくなり，G_w と

21 経済成長

の乖離が大きくなります。

　すなわち，G と G_w が一致する保証はありませんが，$G>G_w$ のときには，現実成長率は累積的に上昇し，$G<G_w$ のときには累積的に下降します。結果として，経済成長の動きは不安定になるというのが，ハロッドの不安定性原理とよばれるものです。

自然成長率　　ハロッドの第3の成長率概念は，自然成長率 G_n です。この概念を用いることによって，長期的不安定を説明することができます。G_n は，技術進歩と労働人口増大によって可能となる最大の成長率であり，完全雇用をもたらす潜在成長率です。この成長率は，技術進歩率 λ （これは労働生産性上昇率によって表されます）と労働人口増加率 n の和として示されます。

　いま，あるとき（t 期）の労働量が，

$$L_t = L_{t-1}(1+n) \qquad \cdots\cdots ⑪$$

であるとします。ここで n は労働人口の増加率です。また，労働の生産性は技術進歩率を λ とすると，

$$\frac{Y_t}{L_t} = \frac{Y_{t-1}}{L_{t-1}}(1+\lambda) \qquad \cdots\cdots ⑫$$

で求められます。⑪式と⑫式より，

$$\frac{Y_t}{Y_{t-1}} = (1+n)(1+\lambda) \qquad \cdots\cdots ⑬$$

となり，両辺から1を引いて整理すると，

$$\frac{Y_t - Y_{t-1}}{Y_{t-1}} = n + \lambda + \lambda n \qquad \cdots\cdots ⑭$$

が得られます。ここで λn の数値は小さいので無視しますと，

$$G_n = n + \lambda \qquad \cdots\cdots ⑮$$

となります。これがハロッドのいう自然成長率にほかなりません。つまり，自

然成長率とは，人口の増加率と技術進歩率の和として求められる成長率のことです。

長期不安定性原理　もし，$G=G_w=G_n$ となるなら，経済は完全雇用を実現でき，企業も利潤極大を実現できます。これを黄金時代といいます。しかし，これらが一致する保証はありません。

先に，G と G_w の不一致による経済の変動をみましたが，さらに，G_w と G_n の関係から長期的不安定性を説明することができます。

まず，$G_w>G_n$ の状態を考えます。この場合，G_n が最大可能な成長率であることを考えますと，現実成長率 G は G_n より小さいので，$G<G_w$ となります。そのため，すでにみましたように G はますます減少し，慢性的停滞が経済を支配するようになります。

これを別の面からみますと，$G_w>G_n$ であるかぎり，

$$G_w C_r = s > G_n C_r = s$$

より，貯蓄率が高すぎて，有効需要の不足によって不況が生じているということです。この場合には，ケインズ的失業が発生しているのであり，貯蓄は悪徳になります。

次に，$G_w<G_n$ の場合には，

$$G_w C_r = s < G_n C_r = s$$

が成立し，貯蓄不足が生じています。ここでは，$G \leq G_n$ から，多くの場合 $G>G_w$ となると考えられます。そこで，現実成長率 G は上昇し，G_w にもとづく生産物の供給を上回って需要が増大するので，インフレ傾向となります。

この状態では，人口増加のテンポが速いと，貯蓄不足，資本不足によって失業が発生することになります。こうした資本蓄積不足が原因で起こる発展途上国型の失業をマルクス的失業といいます。

このように，G_w と G_n の関係いかんによって，資本過剰と長期停滞か，資

本不足と構造的失業が生じることになります。

新古典派成長理論

ドーマーとハロッドの成長論では，均衡成長の不安定性が強調されました。これは，資本係数および貯蓄率を一定としたことによるものでした。これに対し，新古典派の成長論では，資本と労働の代替は完全であり，価格メカニズムの働きにより，豊富な生産要素は安く，希少な生産要素は高くなることを通じて資本─労働比率が調整され，財市場を均衡させる保証成長率と自然成長率が一致し，資本と労働の完全雇用が実現すると考えられます。

新古典派成長理論 新古典派成長理論では，投入される生産要素として労働 N と資本 K のみが考えられ，両者は代替可能であると仮定されています。そこで，GDP を Y としますと，生産関数は，

$$Y = F(N, K) \qquad \cdots\cdots ⑯$$

と表されます。この生産関数は1次同次であり，規模に関する収穫一定と仮定されています。さらに，労働・資本ともに収穫逓減の作用により，限界生産物逓減の法則があてはまると考えられます。

この労働と資本の代替性の仮定のもとで，労働人口の増加率と資本ストック増加率が等しい率で成長する経済成長へのプロセスは，次のように説明できます（図21-1）。

いま，$\frac{Y}{K}$（資本係数の逆数）が $\left(\frac{Y}{K}\right)_0$ にあったとしましょう。このとき，$\frac{\Delta K}{K} > \frac{\Delta N}{N}$ となっていますから，資本蓄積率が労働人口増加率より高くなっているために，労働力の不足が生じ，賃金率は相対的に高まります。賃金率が利子率より高くなると労働節約的な技術進歩の導入を促して資本係数は高くなり，利潤率は圧迫されていきます。生産の低下率が技術導入によって相殺されないかぎり，資本蓄積率は低下していきますから，$\left(\frac{Y}{K}\right)_0$ から $\left(\frac{Y}{K}\right)^*$ の方へ調整がなされます。

図 21-1 均衡成長へのプロセス

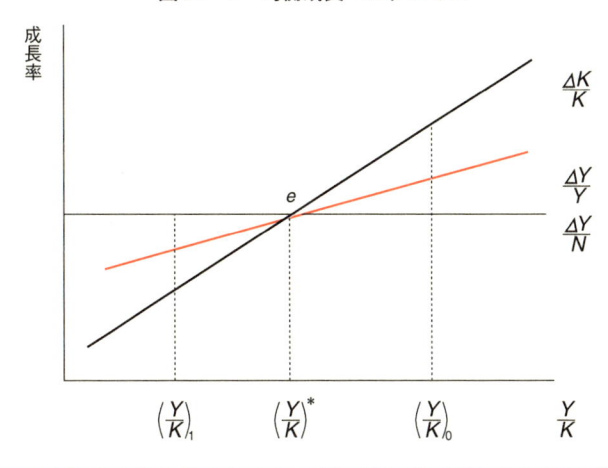

 次に $\left(\dfrac{Y}{K}\right)$ が $\left(\dfrac{Y}{K}\right)_1$ であるとしましょう。ここでは，労働人口増加率が資本蓄積率より高くなっていますから，労働の供給過剰が起きて，賃金率は低くなります。このとき，利潤率上昇の刺激が高まって，資本節約的な技術進歩の導入が促されます。これは，資本係数が低下し，利潤率の上昇が資本蓄積率を上昇させて，労働人口の増加率に等しくなるまで継続するため，$\left(\dfrac{Y}{K}\right)_1$ から $\left(\dfrac{Y}{K}\right)^*$ に向かっての調整がなされます。

経済成長の要因分析　新古典派の成長論は，こうした生産関数を前提として，要素投入の労働・資本と産出の間の関係を明らかにしようとするものです。なお，ここには成長の源泉として技術進歩も考慮されています。技術進歩は労働や資本のように量的に測定することができませんので，労働・資本による成長率への寄与度の残差として測られることになります。

 いま，GDP の成長率を $\dfrac{\Delta Y}{Y}$，労働人口増加率を $\dfrac{\Delta N}{N}$，資本ストックの増加率を $\dfrac{\Delta K}{K}$，技術進歩率を $\dfrac{\Delta \lambda}{\lambda}$ としますと，経済成長率は次のような式で表されます。

$$\frac{\Delta Y}{Y} = \frac{\Delta \lambda}{\lambda} + \alpha \frac{\Delta K}{K} + (1-\alpha) \frac{\Delta N}{N} \qquad \cdots\cdots ⑰$$

ここで，α は資本分配率を表しています。したがって，この式から，資本ストックの増加率が1％増加すると経済成長率は α ％上昇し，労働人口増加率が1％増加すると成長率は $(1-\alpha)$ ％上昇することがわかります。さらに，⑰式を変形させて残差としての技術進歩率の大きさを表すことができます。すなわち，

$$\frac{\Delta \lambda}{\lambda} = \frac{\Delta Y}{Y} - \alpha \frac{\Delta K}{K} - (1-\alpha) \frac{\Delta N}{N} \qquad \cdots\cdots ⑱$$

この⑱式を使うことによって，労働，資本および技術進歩の経済成長への寄与の度合を示すことができます。

内生的成長理論

新古典派成長理論では，技術進歩や労働の質的側面の向上が労働・資本といった要素投入とは無関係に決まる外生的要因であると考えられていました。要素投入が技術進歩と無関係であるとすることによって，⑱式で示されるように技術進歩率の大きさをGDP成長率から労働・資本の増加率を差し引いた残差として計算することができました。

　しかし，現実には，労働投入量増加の過程で労働者の知識・技術・熟練度などが向上し，それを通じて労働の質的向上が図られます。また，資本ストックの増加には，新技術の導入が多くみられます。したがって，労働投入量や資本ストックの増加は，単に投入増加による効果だけでなく，技術進歩率の上昇や労働の質的向上によっても産出量の増加を生み出すと考えられます。その結果として，新古典派成長理論とは異なり，マクロ生産関数に収穫一定，あるいは収穫逓増の現象がみられ，資本ストックが増加しても資本の限界生産物は逓減しないと考えることができます。それゆえ，企業は長期的に資本ストックの増加を図りながら生産を増加させることが可能になるといえます。

　このように，新古典派の成長論では外生的要因と考えられていた労働の質や

技術進歩率を，労働・資本という生産要素の投入に依存して決まる内生的要因と考えて経済成長のメカニズムを解明しようというのが内生的成長理論といわれるものです。

第7部 オープン・マクロエコノミクス

22　オープン・マクロ経済

この章では，これまでのような国内マクロ経済の分析から外国との取引を含めた経済活動の分析へと理論を拡張していきます。

内外需要と経常収支

オープン・マクロ経済学，つまり開放経済のもとでの所得決定や財政・金融政策の有効性について説明していきます。まず，外国貿易を含む国民所得決定の枠組みを前提として，国内経済と海外取引との関係をみていきます。

開放体系下の経済では，総需要および総供給を構成する要素のなかに，外国への輸出および輸入が入ってきます。すなわち，輸出は自国の財に対する外国から需要であり，輸入は外国から自国への供給と考えられます。

このような海外取引を含む国民所得の決定ならびに輸出入の変化と国民所得の関係については，すでに9章で詳しく説明しましたので，ここでは内需および外需の増減と経常収支の関係についてみていきます。

輸出と経常収支　　まず，輸出が ΔX だけ増加した場合，経常収支がどれだけ改善されるかをみてみます。

経常収支（B）は $B = X - M$ で表されますが，輸出の増加と輸入の増加による経常収支の改善額は $\Delta B = \Delta X - \Delta M$ で表されます。ここで，ΔM は，

$$\begin{aligned}\Delta M &= m \cdot \Delta Y \\ &= m \cdot \frac{1}{s+m} \Delta X\end{aligned} \quad \cdots\cdots ①$$

のように変形できますから，これを $\Delta B = \Delta X - \Delta M$ の式に代入して整理しますと，

$$\Delta B = \Delta X - \frac{m}{s+m}\Delta X$$
$$= \frac{s}{s+m}\Delta X \qquad \cdots\cdots ②$$

が得られます。②式において，$0<m<1$ですから，$0<\frac{s}{s+m}<1$となるため，経常収支は輸出の増加によって改善されますが，その大きさは輸出の増加額よりも小さいことがわかります。

政府支出と経常収支　次に，内需と経常収支の関係をみていきます。まず，政府支出の増加による所得増加は，

$$\Delta Y = \frac{1}{s+m}\Delta G \qquad \cdots\cdots ③$$

で求められます。このとき，経常収支の変化は次のようになります。

$$\Delta B = \Delta X - \Delta M$$
$$= \Delta X - m \cdot \Delta Y$$
$$= \Delta X - \frac{m}{s+m}\Delta G \qquad \cdots\cdots ④$$

ここで，$\Delta X = 0$であるとしますと，

$$\Delta B = -\frac{m}{s+m}\Delta G \qquad \cdots\cdots ⑤$$

となります。よって，政府支出の増加は経常収支を悪化させることがわかります。同じことは国内投資についてもいえますから，いわゆる内需の拡大は経常収支の黒字を減らすか，赤字を拡大させることになります。

貯蓄・投資バランスと経常収支

マクロのバランス式とISバランスとの関係　経常収支の不均衡の問題は，これまで示してきたような開放体系におけるマクロ経済のバランス式をもとにしても考えることができます。これが，ISバランスの議論です。

$$Y = C + I + G + X - M \quad \cdots\cdots ⑥$$
$$Y - T = C + S \quad \cdots\cdots ⑦$$
$$C + S + T = C + I + G + X - M \quad \cdots\cdots ⑧$$
$$S - I = (G - T) + (X - M) \quad \cdots\cdots ⑨$$

マクロのバランス式は，上の⑥式で表すことができます。この式で $C+I+G$ は内需であり，$X-M$ は経常海外余剰（経常収支）です。また，ここで民間貯蓄を S，租税を T としますと，可処分所得（$Y-T$）は消費 C と貯蓄 S に分けられますので，⑦式となります。ゆえに，⑥式と⑦式より⑧式となりますから，⑨式を導くことができます。この⑨式より，例えばわが国のような $S>I$（貯蓄超過）および $G>T$（財政赤字）が存在する場合には，それに $X>M$（貿易黒字）が対応することになります。

経常収支バランスと IS バランスの関係　さらに，税収 T は政府消費 G_c と政府貯蓄 G_s に分けることができ，政府支出 G は政府消費 G_c と政府投資 G_I に分けられますので，⑩式のようになります。

$$T - G = (G_c + G_s) - (G_c + G_I) = (G_s - G_I) \quad \cdots\cdots ⑩$$

民間貯蓄 S と政府貯蓄 G_s を加えた総貯蓄を $S+G_s$，民間投資 I と政府投資 G_I を加えた総投資を $I+G_I$ とすれば，⑨式と⑩式より⑪式が得られます。

$$(S + G_s) - (I + G_I) = X - M \quad \cdots\cdots ⑪$$

この⑪式は，一国の経常収支バランスはマクロ的な IS バランス（貯蓄と投資の差額）に事後的に等しくなることを示しています。

そこから，例えば日本の貿易黒字の原因は国内の貯蓄超過にあるとされ，経常収支のバランスを測るためには，内需拡大による IS バランスの達成が必要であるとの議論がなされることになります。

マンデル＝フレミングモデル

次に，IS–LM 分析のオープンマクロ経済への応用について考えます。このモデルは，マンデル＝フレミングモデルとよばれています。ここでは，財市場と貨幣市場によって表される国内均衡と国際収支の均衡が考察されます。

オープンマクロ経済学において，マンデル＝フレミングモデルは重要な役割を果たしています。なぜなら，このモデルを使いますと，財政・金融政策の有効性をチェックすることが出来るからです。マンデル＝フレミングモデルの重要な分析道具は国際収支均衡線，すなわち BP 線です。そこで，まずこの BP 線がどのように導かれるかをみていきます。

BP 線　　国際収支は，経常収支と資本収支の和です。経常収支を単純に輸出―輸入と定義し，これを純輸出と呼ぶことにします。純輸出は所得の増加に伴って減少します。一方，資本収支は資本流出―資本流入と定義できますから純流出が資本収支の赤字を表します。

資本の純流出は利子率の上昇に伴って減少することになります。なぜなら，国内利子率の上昇は資本流入を増加させ，資本流出を減少させますから，その差額として資本の純流出が減少するからです。

純輸出と純流出が同額になりますと，国際収支は均衡します。このときの国民所得と利子率の組合せを示した曲線が BP 線です。

それでは具体的にその導出方法を考えてみます。図 22–1 において A 曲線は純流出と利子率の関係を示したものです。利子率が上昇すれば，純流出は減少しますから，右上がりの曲線となっています。

次に，B 曲線は純輸出と所得の関係を示す曲線で，所得が増加しますと，輸入が増加し，純輸出が減少します。ゆえに，右上がりの曲線となっています。利子率が i_1 のとき，純流出は NF_1 で同額の純輸出は NX_1 です。NX_1 に対応する所得は Y_1 ですから，純流出＝純輸出の条件を満たす i_1 と Y_1 の組み合わせは D 点です。このようにして導かれた曲線を BP 線といいます。

図22-1　BP線の導出

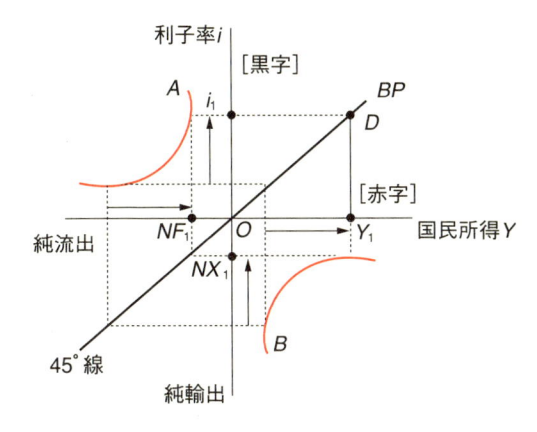

BP線の領域とシフト

　BP線は国際収支の均衡を表す線ですが，次にBP線以外の領域では国際収支がどうなっているかをみてみます。

　まず，図21-2の第1象限のX点をみてみます。この点に対応する第3象限はX′点となります。X′点では，純輸出が純流出を上回っていますから，国際収支は黒字となります。よって，BP線の左側は黒字の領域ということになります。

　同様にして，BP線の右側の領域は赤字の領域といえます。例えばY点に対応する第3象限はY′点にあります。Y′点では純流出が純輸出を上回っているからです。

　次に，BP線のシフトについてみていきます。所得と利子率以外の要因によって国際収支が変動する場合，それはBP線のシフトによって表わされます。ここでは，物価の変動と為替レートの変動のケースについてみていきます。一般に国内の物価水準が上昇すれば，代替効果によって外国製品への需要は増加します。この結果，輸入は増加し，輸出は減少するために図22-3(i)において第4象限のB曲線がB′へと左へシフトします。その結果，BP線は左へシフトし，BP′となります。なぜならば，純輸出の減少分を補うのに十分な純資

図22−2　BP線の領域

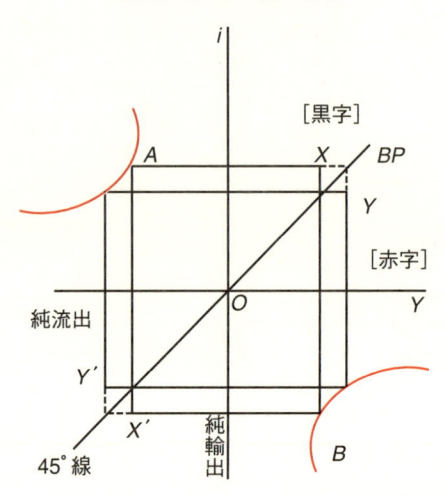

図22−3　BP曲線のシフト

(ⅰ) 国内物価の上昇

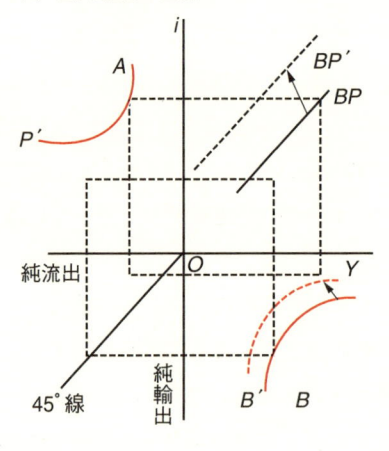

(ⅱ) 為替レートの下落

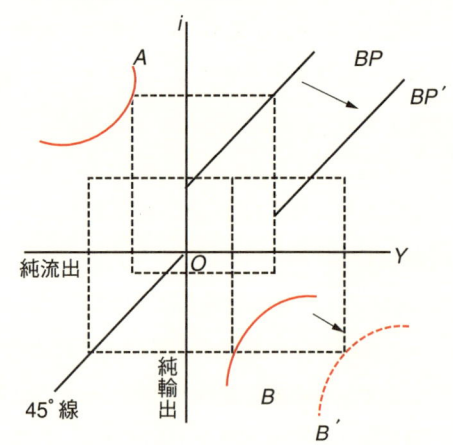

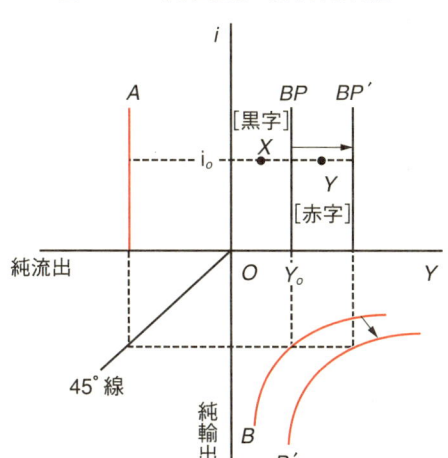

図22-4 資本移動の利子非弾力性

本流出を防ぐには利子率が上昇しなければならないからです。

次に為替レートが下落，つまり円安になった場合に移ります。為替レートの上昇は輸入品の相対価格を上昇させ，輸出品の相対価格を下落させます。よって輸出が増加し，輸入は減少しますから，図22-3に示されるようにB曲線はB′へと右へシフトします。以上のことから，BP線は右へシフトしてBP′となることがわかります。

垂直のBP線と水平のBP線　次に，BP線が垂直になるケースと水平になるケースについてみていきます。

まず，図22-4に示されるように，BP線が垂直になるケースです。これは資本移動が利子非弾力的な場合に生じます。資本移動が利子非弾力的であるというのは，資本移動が利子率の変化によって変化することはない，あるいは資本移動がないということです。

なお，為替レートの下落つまり円安になり，輸出増加により外需が増加した場合にはB曲線がB′へと右へシフトしますので，BP線は垂直なまま右へ移

図22-5 資本移動の利子非弾力性

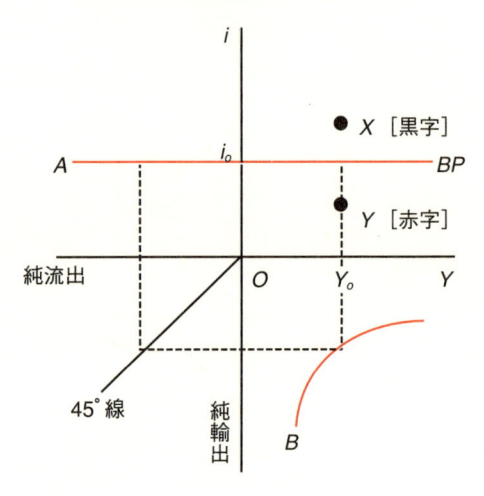

動して BP' となります。

　この BP 線の左側の領域および右側の領域は次のようになっています。

　第1象限の X 点をみてみます。X 点では i_0 は同じでも，国民所得は Y_0 より低い水準にありますから，輸入が低い水準にあると推測できます。よって X 点では，国際収支は黒字であることがわかります。同様に考えると，Y 点は Y_0 より所得水準が高いので，輸入超過となっています。ゆえに，Y 点では赤字となっています。

　次は，図22-5に示される BP 線の水平のケースです。これは資本移動が利子完全弾力性の場合に生じます。この場合には，資本移動は完全です。

　水平な BP 曲線の上方領域，例えば，X 点では，利子率水準が i_0 より高いために，資本流入が資本流出を上回りますから，資本収支は黒字となります。ゆえに，BP 線より上方の領域では，国際収支は黒字となります。

　一方，Y 点では，利子率の水準が低くなっていますから，資本流出が増加し，資本収支は赤字となります。このことから，国際収支は赤字であることがわかります。

図22-6　固定相場制下の財政支出拡大効果

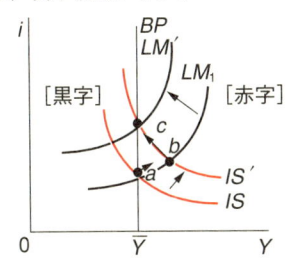

（ⅰ）資本移動がないケース　　　（ⅱ）資本移動が完全なケース

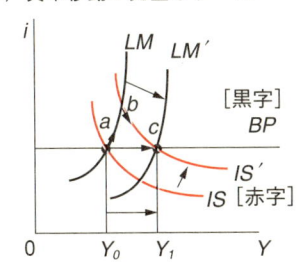

固定相場制下の財政支出拡大効果　　次に，固定相場制の下で，財政支出の拡大が国民所得に与える効果を（ⅰ）資本移動がないケースと，（ⅱ）資本移動が完全なケースに分けて考えてみます（図22-6）。

（ⅰ）　資本移動のないケースにおいて，初期均衡点を a 点とします（図22-6(ⅰ)）。このとき，財政支出が拡大されますと，IS 曲線が IS' へと移動しますから，均衡点は b 点に移ります。b 点は国際収支が赤字の領域です。国際収支の赤字は対外資産を減少させ，マネー・サプライを減少させます。マネー・サプライの減少は，LM 曲線を左にシフトさせます。その結果，最終均衡点は c 点となり，内外同時均衡が達成されます。このとき，国民所得の水準は $\bar{Y}$ で一定であり，利子率のみが上昇することになります。

以上のことから言えることは，固定相場制の下では財政政策は国民所得を増加させることができないために無効であるということになります。

次に資本移動が完全なケースにおける財政支出拡大の効果をみてみます。

図22-6(ⅱ)において，初期の均衡点は a 点であるとします。ここで，財政支出の増加は IS 曲線をシフトさせますから，均衡点は b 点に移ります。ここでは，国際収支は黒字です。国際収支の黒字は，対外資産を増加させますから，マネー・サプライは増加します。マネー・サプライの増加から，LM 曲線は右へシフトし，最終均衡点は c 点となります。その結果，国民所得は Y_0 から Y_1 へと増加します。つまり，固定相場制で，資本移動が完全なときの財政

図22-7 固定相場制下の金融緩和効果

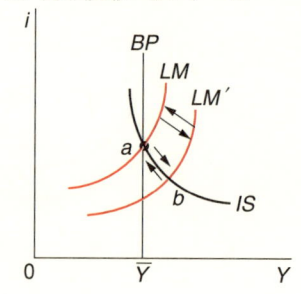

(i) 資本移動がないケース　　　　(ii) 資本移動が完全なケース

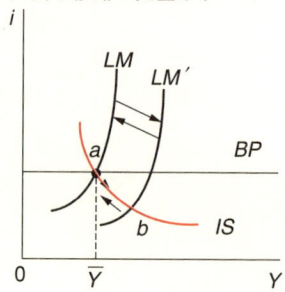

政策は有効であることがわかります。

固定相場制下の金融緩和政策　　次に，固定相場制の下での金融政策の効果を，(i)資本移動がないケースと，(ii)資本移動が完全なケースに分けて検討してみます (図22-7)。

(i)　まず資本移動のないケースにおいて，金融緩和政策の効果をみてみます (図22-7(i))。

初期均衡点がa点であるとします。このとき，金融緩和政策がとられますと，LM曲線は右へとシフトしますので，均衡点はb点に移ります。b点では国際収支が赤字ですから，マネー・サプライが減少します。このことから，LM曲線は再度左へシフトして，元の均衡点に戻ります。このことから，利子率も国民所得も変化しないことが分かります。

(ii)　資本移動が完全な場合はどうなるでしょうか (図22-7(ii))。金融緩和に伴うマネー・サプライの増加によって，LM曲線は右へシフトします。そこで均衡点はb点に移動します。ここでは，国際収支赤字ですから，マネー・サプライは減少します。マネー・サプライの減少はLM曲線を左へシフトさせますから，再び均衡点はa点に戻ります。

以上のことから，固定相場制の下では，資本移動のいかんにかかわらず，金融政策は効果を発揮しないことがわかります。

図 22-8　変動相場制下での財政支出拡大効果

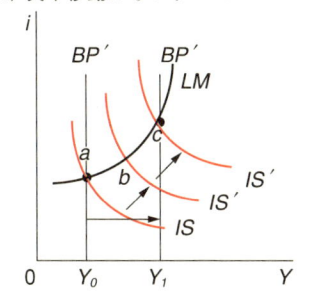

(ⅰ) 資本移動がないケース　　(ⅱ) 資本移動が完全なケース

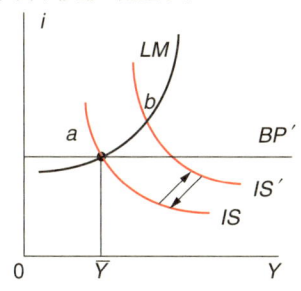

変動相場制下の財政政策　次に，為替相場制度が変動相場制に変わった場合，財政政策の効果はどのようになるか考えていきます。

（ⅰ）まず，資本移動のないケースです。初期均衡点が a 点であるとします（図 22-8(ⅰ)）。財政支出の増加によって IS 曲線は右にシフトし，b 点となります。このとき，国際収支は赤字となります。

国際収支が赤字になりますと，円安になります。輸出が増加し，輸入が減少しますから，この純輸出の増加によって，IS 曲線はさらに右へシフトします。さらに，国際収支の均衡線自体も純輸出の増加に伴って，BP' へとシフトします。このことから，最終均衡点は c 点となります。

以上のことから，変動相場制の下では，資本移動のないケースでも財政政策は有効であることがわかります。

（ⅱ）資本移動が完全なケースではどうでしょうか（図 22-8(ⅱ)）。財政支出の増加から，IS 曲線は右へシフトします。b 点では国際収支は黒字ですから，為替レートは円高となって，輸出の減少，輸入の増加から，純輸出は減少します。このことから，IS 曲線は左にシフトし，国民所得はものと水準に戻ってしまいます。よって資本移動が完全である場合には，財政政策は無効となります。

図22-9　変動相場制下での金融緩和政策

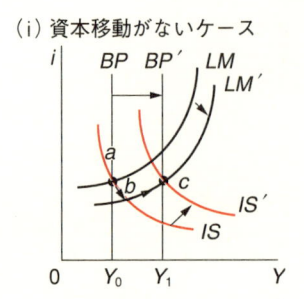

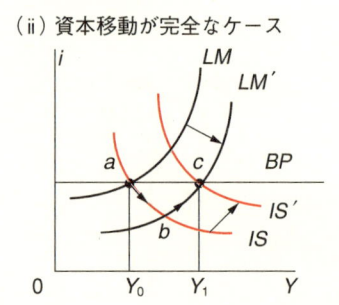

(i) 資本移動がないケース　　　　　(ii) 資本移動が完全なケース

変動相場制下の金融政策
次に，変動相場制の下での金融政策の効果をみていきます。

（i）資本移動のないケースで金融緩和政策がとられたとします（図22-9(i)）。

初期均衡点は a 点です。LM曲線は右にシフトします。均衡点は b 点に移動しますが，ここでは国際収支は赤字です。ゆえに，円安となります。円安は2つの作用を及ぼします。1つは純輸出の増加つまり，外需の増加によって，IS曲線が右にシフトします。もう1つは，純輸出の増加がBP線を右へシフトさせます。この2つの作用から，最終均衡点は c 点となって，Y_0 から Y_1 までの所得創出効果が期待できます。

（ii）次に資本移動が完全な場合に移ります（図22-9(ii)）。マネー・サプライの増加に伴い，LM曲線は右にシフトします。b 点では国際収支は赤字です。ゆえに，外需が増加し，IS曲線も右にシフトしますから，大幅な所得増加となります。最終均衡点は c 点となります。

このように，変動相場制の下では，資本移動の形態にかかわらず，金融政策は有効であることが確認できます。

23 為替レートの決定理論

国際収支表

オープン・マクロ経済においては国際収支の均衡が大きな問題となります。この章では，国際収支表の成り立ちをみたあとで，国際収支の調整に大きな影響を与える為替レートの決定理論についてみていきます。

国際収支表 まず，国際取引を全体として体系的に集計し，記録した国際収支表からみていきます。ある一定期間，例えば１年間の日本全体のヒト・モノ・カネの対外取引を項目別に分類して，集計した計算表が国際収支表です。国際収支表は，表23-1に示されるように経常収支，資本収支，外貨準備増減の３つの項目に分けられます。

経常収支 経常収支は財・サービスの対価支払いの流れを示す貿易，サービス収支，要素所得支払いの流れを示す所得収支，さらに経常的な移転支払いの流れを示す経常移転収支からなっています。

経常収支がプラスであれば流入＞流出となっていて黒字，マイナスですと流入＜流出で赤字を示します。経常収支の黒字は，対外資産の純増あるいは海外への貸付増，さらにはこの純増のうち外貨保有分が外貨準備増減となり，非貨幣的資産に向けられた部分が資本収支に対応します。

ここで注意すべきことは，外貨準備増減がマイナスになっているときに，外貨保有が増加していることであり，プラスになっているときは，外貨保有が減少しているということです。平成10年度は，ほぼ１兆円の外貨保有が減少しています。

資本収支 この収支は，経常取引で手に入れたカネを非貨幣的資産の取引にどれほど用いたかを示すものです。この値がプラスのときに対外資産の減少，

表23-1　平成10年度　国際収支表

(単位：億円)

経常収支			157,846
	貿易・サービス収支		95,299
		貿易収支	159,844
		サービス収支	−64,546
	所得収支		74,011
		雇用者報酬	24
		投資収益	73,987
	経常移転収支		−11,463
資本収支			−173,390
	投資収支		−154,077
		直接投資	−27,437
		証券投資	−59,522
		その他投資	−67,118
	その他資本収支		−19,313
外貨準備増減			9,986
誤差脱漏			5,558

あるいは資本の流入を表しています。反対に，マイナスですと対外資産の増加，つまり資本の流出を示しています。

すでに説明しましたように，経常収支が黒字になると対外資産の純増となり，その一部は外貨保有となって外貨準備増減に，残りのものは資本収支となります。

　　経常収支＋資本収支＋外貨準備増減＝0　　　　　……①

このことから，①式は3つの項目を加えると必ずゼロになることを意味しています。

①式から明らかなように，経常収支が黒字ですと，それに対応した対外資産

は純増となります。この対外資産の純増は，資本収支と外貨準備増減となるわけです。よって，

> 経常収支＝－（資本収支＋外貨準備増減）
> 　　　　＝対外資産純増　　　　　　　　　　　　……②

となります。

しかし，①式が常に成立するといっても，実際には国際収支表の経常収支＋資本収支＋外貨準備増減はゼロにはなりません。それは，資産価値の変化やサービス貿易の測定の困難さなどによります。この統計上の不突合を調整する誤差脱漏を加えますと③式となます。この調整を行いますと，各項目の合計は必ずゼロとなります。

> 経常収支＋資本収支＋外貨準備増減＋誤差脱漏＝0　　　　……③

為替レートと国際収支

為替レートの決定　　為替レートはどのように決定されるのか，国際収支アプローチの視点から考えてみましょう。

　図23-1の縦軸 e は邦貨為替レート，たとえば1ドル＝110円といった表示になっています。ですから，縦軸上を上にいくほど円安で，下に移動するほど円高になると考えることができます。

　いま，A 点から B 点に移動しますと，円高となりますから，円高に伴って輸入が増加し，ドルの需要つまり外国為替の需要が増加します。それが，B 点から E 点への移動です。このことから，D 曲線はドルの需要曲線，つまり外国為替の需要曲線であることがわかります。

　今度は，X 点から Y 点へと円安になるとします。円安は輸出を増加させますので，E 点から X 点へドルの供給，外国為替の供給を増加させます。このことから，右上がりの S 曲線はドルの供給曲線であり，外国為替の供給曲線であることがわかります。

図 23-1　為替レートの決定　　　　図 23-2　国際収支アプローチ

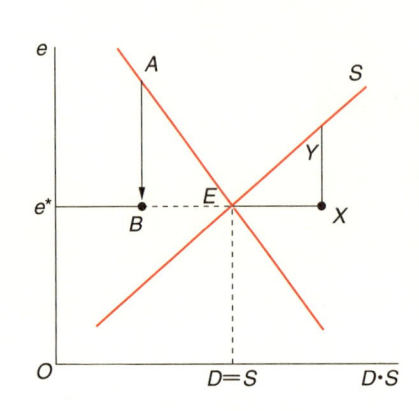

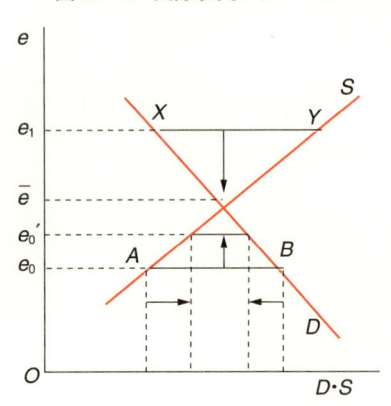

このようにして，外国為替の需要曲線と供給曲線によって，均衡為替レート e^* が決まります。

国際収支アプローチ　　次に，この為替レートの決定メカニズムをもとにして，輸出入の変化と為替レートの関係をみていきます。まず，為替レートが図 23-2 の e_0 にある場合，どうなるかをみてみます。

ここでは，AB の大きさの外国為替の超過需要が発生しています。外国為替の需要は輸入で，外国為替の供給は輸出ですから，輸入＞輸出，つまり国際収支は赤字となっています。このとき，超過需要となっているために，価格は上がります。為替レートで「価格が上がる」とは，邦貨建てでの為替レートが上がることですから，円安となります。円安になると輸出が増加，つまり外国為替の供給が増加し，輸入が減少して外国為替の需要が減少します。その結果，一段と円安が進み，最終的には $\bar{e}$ に為替レートは決定されます。

言い換えれば，為替は輸出入の大きさで決まるとも考えられますから，この考え方を**国際収支アプローチ**とよんでいるのです。

為替レートが e_1 にあるときは，逆に超過供給が発生していて，為替レートは円高に振れていきます。

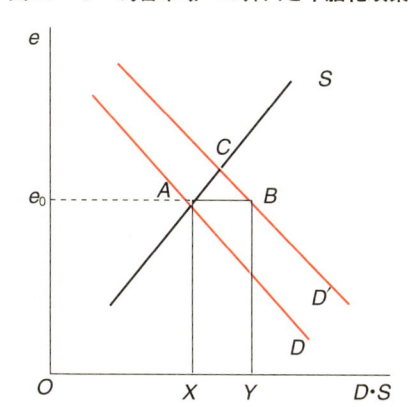

図 23−3　為替市場への介入と不胎化政策

為替市場介入と不胎化政策　次に，同じモデルを用いて，日銀による為替市場への介入の問題をみていきます。まず，図 23−3 において国内金利が低下したとしましょう。国内金利が低下してくると，たとえばアメリカへの資本流出が増加しますので，ドル需要が増加して，ドル需要曲線は右にシフトします。その結果，為替レートは A から C へと円安になります。

このとき，為替レートを e_0 に維持すると，どのようなことが起こるでしょうか。為替レートを e_0 に固定しようとしますと，A から B のドルの超過需要が発生します。その場合，日銀が A から B に相当するドル売り・円買い介入を行う必要があります。そうしますと，円買いに伴ってマネー・サプライは $ABYX$ だけ減少しますので，日銀はすかさずそれに相当する買いオペを行って，金融市場の資金不足を埋めることを行います。これが，いわゆる不胎化政策です。このときに買いオペを行わず，資金不足を埋めずにおくことが，非不胎化政策とよばれているものです。

為替の需給に影響を与える要因　それでは，為替の需給曲線はどのような要因によってシフトするのでしょうか。いくつかの要因を例にあげてみていくこ

とにします。

　（1）　たとえば，アメリカで価格が上昇した場合，他の事情について等しい限り，国内製品の需要が増加します。よって，輸入製品の需要は減少しますから，為替の需要曲線は左へとシフトします。一方，アメリカでは，日本製品の需要を増加させます。このことから，為替の供給曲線を右にシフトさせ，為替レートは低下して，円高に振れていきます。

　（2）　資本の流出入は，内外利子率のスプレッドによって変化します。スプレッドが拡大することによって，資本の流出入量も拡大します。国内利子率＞海外利子率ですと，資本流入が増加し，為替の供給曲線は右へシフトします。同時に国内では海外債券投資が減少し，為替の需要曲線を左へシフトさせます。このことから，為替レートは下落し，円高となります。

　（3）　国内での外国製品需要は，国内所得の増加に伴って増加します。所得の増加は輸入を増加させ，外国為替の需要曲線を右へとシフトさせますので，為替レートの上昇，つまり円安をもたらします。

　（4）　輸出は海外所得に依存しますから，海外所得が増加しますと為替の供給曲線は右へシフトし，為替レートは下落して円高となるわけです。

　（5）　最後に，為替レートの予想変化率が現行の為替レートを決定することについて考えます。国内金利を i_j，海外金利を $i_{j'}$，為替レートの予想変化率を Δe としますと，予想スプレッドは $i_j - i_{j'} - \Delta e$ で求められます。このとき，為替レートの予想変化率が引き上げられますと，スプレッドは下がります。スプレッドが低下すれば，資本流出が増加します。よって，為替の需要曲線は右へシフトします。一方，スプレッドの低下は資本流入を減少させますので，為替の供給曲線は左へシフトします。よって，為替レートは上昇（円安）します。

為替レート決定の理論

金利平価説　　為替レートを決定するメカニズムは，短期理論としては金利平価説，アセット・アプローチ，ポートフォリオ・アプローチ，中期理論としてはオーバーシューティング・モデル，長期理論としては購買力平価説などがあ

ります。それぞれについて順を追ってみていきます。

　まず，２国間の短期金利に差があるとき，その差を利用して利鞘を稼ぐことを目的とした取引を**金利裁定取引**といいます。いま，アメリカの短期金利が年率約10％で，日本の短期金利が年率５％であるとします。さらに，直物為替レートが１ドル＝125円で，３か月後の先物為替レートが１ドル＝125円であるとします。このとき，ある投資家が１億円を日本の銀行に預金したとしますと，３か月後に10,000万円は，$10,000 \times \left(1 + \dfrac{3}{12} \times 0.05\right) = 10,125$万円となり125万円の利益を上げることができます。

　しかし，この投資家が10,000万円をアメリカの銀行に預金したとします。するとその利益はどうなるのでしょうか。この場合，彼はまず，10,000万円を直物為替レート１ドル＝125円のドルと交換しなければなりません。すると，10,000万円は80万ドルとなりこれを預金しますと，３か月後には$80 \times \left(1 + \dfrac{3}{12} \times 0.1\right) = 82$万ドルとなります。これを先物為替レート１ドル＝125円のもとで円と交換しますと，$125 \times 82 = 10,250$万円となります。日本の銀行に預金した場合よりも125万円だけ多く利益を得ることができます。

　もし，この投資家が10,000万円を年率５％で銀行から借り入れたとしますと，その利子は３か月で125万円となりますが，それを支払ってもなお，彼には125万円だけの利益が残ります。

　以上のことからわかったことは，１億円を日米のいずれで運用するのが有利であるか，それはアメリカの利子率（i_a），為替レートの変化率および日本の利子率（i_j）に依存するということです。つまり④式が成り立っていることは，明らかですから，これを変形すると⑤式となります。

$$1 + i_j \gtreqless \dfrac{(1+i_a)e_f}{e} \quad \cdots\cdots ④$$

$$i_j \gtreqless i_a + \dfrac{e_f - e}{e} \quad \cdots\cdots ⑤$$

　今，⑤式において，

$$i_j > i_a + \frac{e_f - e}{e}$$

であれば、アメリカから資金調達をして、日本で運用すればいいですし、

$$i_j < i_a + \frac{e_f - e}{e} \quad \cdots\cdots ⑥$$

であれば全く逆で、アメリカで資金運用することが望ましいといえます。これが金利裁定取引です。

$$i_j = i_a + \frac{e_f - e}{e} \quad \cdots\cdots ⑦$$

が金利裁定式とよばれる、均衡状態を表しています。

次に、為替レートと利子率との間にはどのような関係があるかみてみます。現在の1ドルに $(1+i_a)$ を掛けますと、将来のドルになります。将来のドルに先物為替レート e_f を掛けますと、将来の円になります。このことから、将来の円は $(1+i_a)\cdot e_f$ となります。

一方、現在の1ドルに直物為替レート (e) を掛けますと、現在の円となり、これに $(1+i_j)$ を掛けますと、将来の円となります。

よって、将来の円 $= e(1+i_j)$ となります。両者は等しいですから

$$(1+i_a)e_f = e(i+i_j) \quad \cdots\cdots ⑧$$

となります。

これを先物為替レート e_f で解きますと、

$$e_f = e \cdot \frac{1+i_j}{1+i_a} \quad \cdots\cdots ⑨$$

を得ます。ここで上式をさらに変形すると、

$$\frac{e_f - e}{e} = i_j - i_a \quad \cdots\cdots ⑩$$

となります。このことから、$i_a > i_j$ のとき、為替レートは将来、ドル安・円高の方向に動くと予測されます。

ゆえに，e_f と i_j が一定のとき，i_a の上昇は，円安・ドル高をもたらします。さらに，i_a，i_j が一定のとき，e_f が変化すると e も同じ大きさだけ変化することがわかります。

以上のケースでは，e_f は確定しているために，変動リスクは存在していません。それゆえ，これを，カバー付きの金利平価といいます。

ポートフォリオ・アプローチ　アセット・アプローチの代表的な理論がポートフォリオ・アプローチです。これは内外金融資産残高の需給が為替レートを決定するというものです。

図23-4の右上がりのS曲線は民間で保有している総金融純資産残高 A で，民間保有の対外純資産残高 B を割った値であり，これは対外資産比率とよばれます。為替レートが上昇しますと，円評価額が上がり，対外資産比率が上昇しますので，右上がりになっています。これが対外資産に対する供給曲線です。

一方，対外資産に対する需要曲線は，為替レートが上昇しますと，将来，レートが下落するという予想が高まります。よって，対外資産の予想収益率が下がって，対外資産の需要が減少しますから，右下がりのD曲線となっているわけです。

ここで，円高阻止のために，ドル買い介入を日銀が行ったとします。すると，日銀の外貨保有が増加しますが，民間の保有分は減少します。よってS曲線は左へシフトし，為替レートは上昇し，円安となります。これが，図23-4(i) にあたります。

このとき，ドル買いは，円売りを伴いますから，マネー・サプライを市場に供給することになります。このマネー・サプライ増加を容認しなければ，日銀は売りオペを行います。よって，介入に伴うマネー・サプライの変化を阻止することができます。これが不胎化介入（政策）です。これに対して，ドル買い・円売りによるマネー・サプライの増加を日銀が認めたとしますと，国内金利は低下し，円資産の予想収益率は下がりますから，D曲線は右にシフトし

図23-4　ポートフォリオ・アプローチ

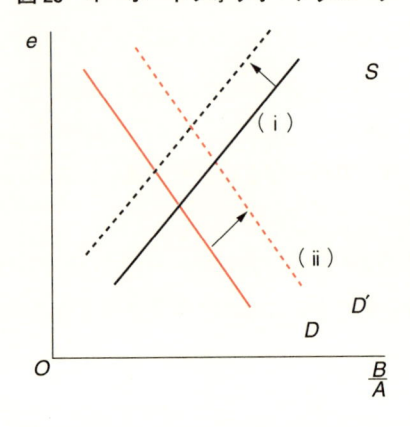

ます。よって，円安は一層加速化されることになります（図23-4(ii)）。

次に，国内利子率の上昇が，予想利子率を上昇させ，債券の予想価格を上昇させれば，金利収入と債券の評価益の予想値を引き揚げるために，資産の予想収益率を高めることから，D 曲線は左へとシフトします。このことから，円高となります。

最後に，経常収支が黒字であるとしましょう。このことによって，対外資産比率は上昇しますから，S 曲線は右へシフトします。ゆえに，円高となります。

購買力平価説　次に，長期の為替レート決定理論である購買力平価説をみていきます。

貨幣の購買力とは，貨幣の値打ちのことです。たとえば，いま，貨幣1単位で X 財を2単位購入できたとします。このとき，物価が2倍に上昇したとしますと，貨幣1単位で購入できる X 財は1単位となってしまいます。物価上昇前の貨幣の値打ちは，X 財2単位と等しく，物価上昇後の貨幣の値打ちは，X 財1単位と等しいことになります。すなわち，貨幣の購買力は，物価が2倍に上昇しますと，2分の1に下落してしまうということですから，貨幣

の購買力は物価水準に反比例することがわかります。

　自国の通貨と他国の通貨を交換するということは，言い換えますと，自国の通貨の購買力と他国の通貨の購買力を交換することです。このような観点から，為替レートは自国の通貨の購買力と他国の通貨の購買力の比であるという理論が購買力平価説です。

　いま，1ドル＝120円という為替レートが成立しているとします。このことは，日本の120円の商品が1ドルで買えるということにほかなりません。そこで，日本の通貨量が2倍となり，物価水準も2倍となったとしましょう。すると，1ドルで買えたものが240円となってしまったのですから，為替レートは1ドル240円となります。この結果，円の価値は，ドルに比べて，物価上昇の逆倍数 $\left(\dfrac{1}{2}\right)$ だけ下がったことになります。

　さらに，アメリカで通貨量が3倍になり，物価も3倍になったとします。今度は，3ドルのものが，240円で購入できるということですから，為替レートは，1ドル＝240円×$\dfrac{1}{3}$＝80円となります。

　以上のことを一般化してみます。物価上昇前の為替レートを1ドル＝X円としますと，物価上昇後の為替レートは，

$$1 ドル = \frac{日本の物価指数}{アメリカの物価指数} \times X$$

となります。このときの為替レートを購買力平価といいます。

　この購買力平価説は貨幣の中立性を前提にしてはじめて成立します。その前提条件から考えていきます。フィッシャーの交換方程式，$MV=PT$ に従えば，マネー・サプライの変化は，単に物価水準を変化させるだけで，財やサービスの生産量や取引量にはいかなる影響も与えないという結論が得られます。すなわち，貨幣は実物経済を覆うヴェールにすぎないということであり，これを貨幣の中立性といいます。

　貨幣の中立性を前提としますと，マネー・サプライがλ倍になると物価水準もλ倍になります。このことが，経常収支に与える影響は次のように考えられます。まず，国内物価水準がλ倍になれば，輸出品の価格も邦貨建てではλ倍

図23-5 オーバーシューティングモデル

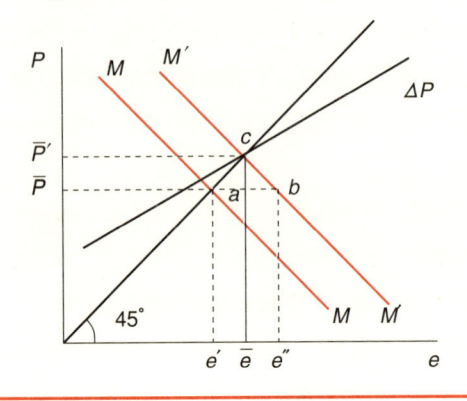

になります。しかし，購買力平価説によると邦貨建ての為替レートがλ倍になれば，外貨建の輸出品の価格には変化は生じません。

この結果，輸出量は変化しないことになります。さらに，物価水準がλ倍になったということは，マネー・サプライもλ倍になっているということですから，国民経済全体としての購買力には変化は現れません。したがって，輸入量にも変化は現れず，経常収支は不変と考えることができます。

オーバーシューティング・モデル　　次に，為替レート決定の中間理論といわれている**オーバーシューティング理論**についてみておきます。

図23-5において，MM曲線は，開放経済下の貨幣市場の均衡線を示した曲線です。物価が上昇すると，貨幣市場が均衡するには，利子率が上昇しなければなりません。利子率の上昇は，為替レートに減価が予想されてはじめて可能になります。よって物価の上昇と長期的な為替レートの減価が対応することから，MM曲線は右下がりとなります。

次に，ΔP線は，財市場の均衡線で，財の超過需要がゼロの状態を表したものです。物価が上昇しますと，総需要の減少が為替レートの上昇によって相殺されることから，ΔP線は右上がりの曲線となります。さらに，ΔP線が45°線より小さいのは，物価水準の上昇より為替レートの減価の方が大きいからで

す。

　最後に45°線は，購買力平価が長期的に成り立ち，海外の物価水準が一定と仮定されている下での物価水準と為替レートの長期的比例関係を示しています。ゆえに，45°線上は，購買力平価が常に成り立っていると仮定されていることと同じです。

　ここで，45°線＞ΔP線となっているのは，為替レートの上昇は相対価格を下落させることによって，財の超過需要を発生させるために，均衡に収束するには国内物価が上昇しなければならないからです。

　（ⅰ）　今，名目マネーサプライの増加があったとしましょう。マネー・サプライの増加に伴って，財・資産市場の不均衡が発生し，均衡への収束をもたらすためには物価の上昇と，あるいは，為替レートの減価が求められることから，MM線は$M'M'$線へと名目マネー・サプライの増分に対応して右にシフトします。つまり，財・資産市場は均衡し，為替レートと物価の変化はマネー・サプライの増加分を反映したものとなります。よって，均衡点はa点からc点へと移動することになります。

　（ⅱ）　そこで次には，a点からb点に至るまでの過程を考えてみます。ドーンブッシュによると，短期的調整は，次のようにまとめることができます。

$\Delta M =$ $^r i \downarrow$　$^r e \downarrow$
　　　　$\downarrow$　　$\downarrow$
[国内資産の魅力低下]→[資本流出の拡大]→[直物レートの低下]

「直物レート減価の大きさは国内金利の低下を相殺する十分な比率で，為替レートの増加期待を生じさせるほどの大きさでなければならない」ということです。よって，直物レートの即時的減価は長期的減価を大きく上回ることから，短期均衡点はa点からb点へとシフトすることがわかります。

　次に，予想せざるマネー・サプライの増加があったとします。マネー・サプライの増加はMM線を$M'M'$線のように右にシフトさせますが，ΔP線は財市場均衡が実質為替レートに依存することから，不変のままにとどまります。

物価は，P_0に固定されていることから，為替レートのe_2へのオーバーシューティングが発生します。つまり，マネー・サプライの予期せざる変化によって，名目および実質為替レートのオーバーシューティングが発生したことがわかります。

　直感的に言えることは，マネタリー・ショックが国内資産の収益を低め，対外資産の保有を魅力あるものにしたからです。このとき，内外資産をともに魅力あるものにするには，外貨の価値が今後下落するという予想を生み出すほどに上昇しなければなりません。外貨価値の下落が将来予想されると対外資産の総予想収益は低下し，国内資産の収益と肩を並べることになります。かくして，為替レートのオーバーシューティングは，内外資産の予想収益の均等化を維持するために必要となるのです。

　最後に，b点から，c点の調整，つまり短期均衡点から，長期均衡点への調整は次のように説明できます。b点では国内金利の下落と為替の減価から財への超過需要が発生しています。これは，金利の低下と為替の減価が国内財の相対価格を下落させているためです。これによって，国内需要は増加し，国内財価格は上昇することから，実質貨幣残高は下落します。よって，金利が上昇し，資本流入が促進されるため，為替は増加に向かいます。ここでは，物価の上昇が実質マネー・サプライを低下させ，金利を引き上げ，資本流入を増加させ，為替レートを増加させるという，トランスミッション・メカニズムが作用すると考えることができます。

索　　引

—あ—

IS 曲線	91
IS–LM 分析	91
新しい総供給曲線	138
アンティノミー理論	171

—い—

インプリシット・デフレーター	25
インフレ・ギャップ	47
インフレ供給曲線	145
インフレ需要曲線	148
インフレ率の決定	150

—え—

営業余剰	12
M_1	76
LM 曲線	95

—お—

オークンの法則	146
オーバーシューティング・モデル	206

—か—

外貨準備増減	196
外国貿易乗数	55
外需	19
可処分所得（DI）	14
加速度係数	69
加速度原理	68, 160
貨幣需要の動機	84
貨幣需要の利子非弾力性	104
貨幣乗数	80
貨幣賃金率の下方硬直性	118
貨幣の機能	75
貨幣の中立性	205
貨幣の流通速度	83
為替レートの決定	197
間接税	13

—き—

企業所得	12
帰属計算	7
基礎消費	38
キチンの波	158
寄与度	20
寄与率	20
均衡国民所得	41
均衡予算乗数の定理	51
金融政策の効果	114
金利裁定取引	201
金利平価説	200

—く—

クラウディング・アウト効果	105
クラムの波	158

—け—

景気循環	157
景気循環図	157
景気動向指数	164
景気の転換点	167
経済循環	3
経常収支	195

ケインズ・ルート……………………… 114
ケインズ型消費関数…………………… 59
ケインズ的失業………………………… 175
ケインズの投資関数…………………… 66
決定ラグ………………………………… 111
限界消費性向…………………………… 38
限界租税性向…………………………… 52
限界貯蓄性向…………………………… 40
限界輸入性向…………………………… 56
現金・預金比率………………………… 80
現金通貨………………………………… 76
現実資本係数…………………………… 172
現実成長率……………………………… 172
建築循環………………………………… 158
ケンブリッジ現金残高方程式………… 83

― こ ―

効果のラグ……………………………… 111
広義流動性……………………………… 77
公債の富効果…………………………… 107
恒常所得仮説…………………………… 61
購買力平価説…………………………… 204
合理的期待……………………………… 151
合理的期待仮説………………………… 151
国際収支アプローチ…………………… 198
国際収支表……………………………… 195
国内純生産……………………………… 10
国内総固定資本形成…………………… 18
国内総支出……………………………… 9, 17
国内総生産（GDP）…………………… 4
国民所得（NI）………………………… 13
国民総生産（GNP）…………………… 10
個人所得（PI）………………………… 14
コスト・プッシュ・インフレーション… 130
固定資本減耗…………………………… 13
固定相場制下の金融緩和政策………… 192
固定相場制下の財政支出拡大効果…… 191
古典派雇用理論………………………… 127
古典派の第1公準……………………… 127

雇用者所得……………………………… 12
コンドラチェフの波…………………… 158

― さ ―

在庫投資………………………………… 71
在庫品増加……………………………… 18
財市場と貨幣市場の同時均衡………… 99
最終需要………………………………… 8
財政政策の有効性……………………… 108
財政の硬直化…………………………… 112
産業連関表……………………………… 27
三面等価の原則………………………… 9

― し ―

GDPデフレーター……………………… 23
市場価格表示…………………………… 6
自然失業率仮説………………………… 145
自然成長率……………………………… 174
実行のラグ……………………………… 111
実質GDP………………………………… 23
資本係数………………………………… 68
資本収支………………………………… 195
資本ストック調整原理………………… 69
資本蓄積率……………………………… 176
住宅投資………………………………… 72
ジュグラーの波………………………… 158
純付加価値……………………………… 10
乗数……………………………………… 45
乗数と加速度原理……………………… 160
乗数理論………………………………… 44
消費関数………………………………… 37
所得決定の総需要アプローチ………… 40
所得決定の貯蓄・投資アプローチ…… 43
新古典派成長理論……………………… 176
伸縮的賃金政策の効果………………… 118
信用創造………………………………… 78
信用創造乗数…………………………… 79

ーすー

スタグフレーション ……………… 150

ーせー

政府最終消費支出 ………………… 17
政府支出乗数 ……………………… 50
世代間の不公平 …………………… 112
絶対所得仮説 ……………………… 59

ーそー

総供給 ……………………………… 33
総供給曲線 ………………………… 126
総実質供給曲線（TS 曲線）…… 162
総実質需要曲線（TD 曲線）…… 163
総需要 ……………………………… 33
総需要管理政策 …………………… 47
総需要曲線 ………………………… 125
相対所得仮説 ……………………… 60
租税関数 …………………………… 52
租税乗数 …………………………… 50
粗付加価値 ………………………… 10

ーたー

対外資産純増 ……………………… 197
対家計民間非営利団体 …………… 7

ーちー

中間生産物 ………………………… 8
中間投入 …………………………… 8
長期不安定性原理 ………………… 175
貯蓄関数 …………………………… 40
貯蓄率 ……………………………… 16

ーてー

ディフュージョン・インデックス …… 166
ディマンド・プル・インフレーション… 130
デフレ・ギャップ ………………… 47

ーとー

投機的動機 ………………………… 85
投資の限界効率 …………………… 66
投資の二重効果 …………………… 169
投資の利子非弾力性 ……………… 103
投入係数 …………………………… 29
トービンの q 理論 ………………… 69
ドーマーの成長理論 ……………… 169
取引動機 …………………………… 84

ーなー

内需 ………………………………… 18
内生的成長理論 …………………… 178

ーにー

ニュー・ケインジアン …………… 119
認知ラグ …………………………… 111

ーはー

パーシェ指数 ……………………… 23
ハイパワード・マネー …………… 78
ハロッドの成長論 ………………… 171

ーひー

BP 線 ……………………………… 186
ピグー効果 ………………………… 119
必要資本係数 ……………………… 173
非不胎化政策 ……………………… 199
ビルトイン・スタビライザー …… 53

ーふー

不安定性原理 ……………………… 173
フィッシャー効果 ………………… 115
フィッシャーの交換方程式 ……… 83
フィリップス曲線 ………………… 134
付加価値 …………………………… 5
複合循環 …………………………… 159
不胎化政策 ………………………… 199

211

物価と失業のトレード・オフ ……………… 142
分配国民所得 ……………………………………… 8

― へ ―

平均消費性向 …………………………………… 38
平均貯蓄性向 …………………………………… 39
変動相場制下の金融政策 ………………… 194

― ほ ―

ポートフォリオ・アプローチ …………… 203
保証成長率 ……………………………………… 172
補助金 …………………………………………… 13
本源的預金 ……………………………………… 78

― ま ―

マーシャルの k ………………………………… 84
マネー乗数アプローチ ………………………… 79
マルクス的失業 ……………………………… 175
マンデル＝フレミングモデル …………… 186

― み ―

民間最終消費支出 ……………………………… 17

― め ―

名目 GDP ………………………………………… 23

― ゆ ―

有効需要の原理 ………………………………… 35

輸入浸透度 ……………………………………… 109
輸入の所得弾力性 …………………………… 109
輸入誘発係数 …………………………………… 57
輸入誘発効果 …………………………………… 57

― よ ―

要素費用表示の国民所得 …………………… 14
預金準備率 ……………………………………… 80
預金通貨 ………………………………………… 76
予想物価上昇率 ……………………………… 144
予備的動機 ……………………………………… 84

― ら ―

ライフ・サイクル仮説 ………………………… 63
ラスパイレス指数 ……………………………… 25
ラチェット効果 ………………………………… 60

― り ―

リアル・ビジネス・サイクル理論 …… 162
利子率決定論 …………………………………… 86
流動性効果 …………………………………… 115
流動性選好 ……………………………………… 84
流動性トラップ ………………………………… 85

著者略歴

石橋 春男(いしばし はるお)

- 昭和42年　早稲田大学第一政治経済学部卒業
- 昭和47年　早稲田大学大学院商学研究科博士課程修了
- 現　在　大東文化大学環境創造学部教授
- 主要著書　『公務員試験のための経済学演習』（共著）（税務経理協会）
　　　　　　『不動産鑑定士二次試験のための経済学演習』（共著）（税務経理協会）
　　　　　　『セミナー経済学基礎演習』（共著）（税務経理協会）
　　　　　　『セミナーミクロ経済学入門』（共著）（税務経理協会）
　　　　　　『入門ミクロ経済学』（共著）（税務経理協会）

関谷 喜三郎(せきや きさぶろう)

- 昭和48年　日本大学経済学部卒業
- 昭和53年　日本大学大学院商学研究科博士課程修了
- 現　在　日本大学商学部教授
- 主要著書　『公務員試験のための経済学演習』（共著）（税務経理協会）
　　　　　　『不動産鑑定士二次試験のための経済学演習』（共著）（税務経理協会）
　　　　　　『セミナー経済学基礎演習』（共著）（税務経理協会）
　　　　　　『セミナーミクロ経済学入門』（共著）（税務経理協会）
　　　　　　『入門ミクロ経済学』（共著）（税務経理協会）

著者との契約により検印省略

平成12年11月1日　初版第1刷発行
平成13年12月1日　初版第2刷発行

入門マクロ経済学

著　者	石　橋　春　男 関　谷　喜三郎
発行者	大　坪　嘉　春
製版所	美研プリンティング株式会社
印刷所	松澤印刷株式会社
製本所	株式会社　三森製本所

発行所　東京都新宿区下落合2丁目5番13号　株式会社　税務経理協会
郵便番号 161-0003　振替 00190-2-187403　電話 (03) 3953-3301 (大代表)
FAX (03) 3565-3391　(03) 3953-3325 (営業代表)
URL http://www.zeikei.co.jp/
乱丁・落丁の場合はお取替えいたします。

© 石橋春男・関谷喜三郎 2000　Printed in Japan

本書の内容の一部又は全部を無断で複写複製（コピー）することは、法律で認められた場合を除き、著者及び出版社の権利侵害となりますので、コピーの必要がある場合は、予め当社あてに許諾を求めて下さい。

ISBN4-419-03588-9　C2033

新スタンダード・テキスト登場!!

入門ミクロ経済学

2色刷

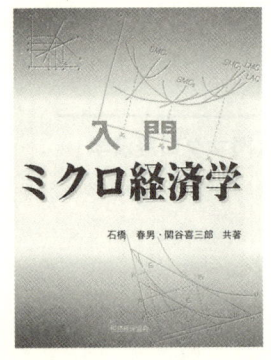

石橋春男・関谷喜三郎　共著
A5判上製　本体2,800円（税別）

著者略歴

●石橋　春男（いしばし　はるお）
大東文化大学環境創造学部教授
ラジオたんぱ「証券アナリスト養成講座」
（経済学）で活躍中。その他、銀行・証券会社などでも講義を担当。

●関谷喜三郎（せきや　きさぶろう）
日本大学商学部教授
国家公務員試験委員（経済学）。その他、銀行・証券会社などで証券アナリスト試験の講義を担当。

経済学のテキストって、どうしてこんなに難しいの？

という声に応える1冊！
伝統的な理論から最新の仮説までを体系的にマスター！
図表をふんだんに盛り込み、視覚で理解！
公式をその導出過程からていねいに展開・解説！

大学・企業において長年にわたり講義を行なってきた著者が、はじめて経済学を学ぶ方、各種資格試験受験者のための書いたミクロ経済学の必携入門書！